RICH WILKERSON JR.

SAND BURGEN KÖNIGE

**EINE BEGEGNUNG MIT JESUS
IN EINER GEISTLICH BANKROTTEN WELT**

Copyright © 2015 by Rich Wilkerson.
Die amerikanische Originalausgabe erschien im Verlag Nelson Books unter dem Titel
Sandcastle Kings. All rights reserved.

Aus dem Amerikanischen von Bettina Krumm.

Die Deutsche Nationalbibliothek verzeichnet diese Publikation in der Deutschen Nationalbibliografie; detaillierte bibliografische Daten sind im Internet über http://dnb.dnb.de abrufbar.

Bibelzitate, sofern nicht anders angegeben, wurden der »Neues Leben Bibel« entnommen.
Copyright © 2006, SCM R. Brockhaus im SCM-Verlag GmbH & Co. KG, Witten.
Alle Rechte vorbehalten. Alle Bibelübersetzungen wurden mit freundlicher Genehmigung der Verlage verwendet. Hervorhebungen einzelner Wörter oder Passagen innerhalb von Bibelzitaten wurden vom Autor vorgenommen.

ELB *Revidierte Elberfelder Bibel* © 1985, 1991, 2006, SCM R.Brockhaus im SCM Verlag GmbH & Co. KG, Witten.
EÜ *Einheitsübersetzung*, Copyright © 1980 Kath. Bibelanstalt GmbH, Stuttgart.
HFA *Hoffnung für alle* © by Biblica, Inc.®, hrsg. von Fontis.
LUT *Lutherbibel*, revidierter Text 1984, durchgesehene Ausgabe, © 1999 Deutsche Bibelgesellschaft, Stuttgart.
NEÜ *Neue evangelistische Übersetzung*, Copyright © Karl-Heinz Vanheiden.
SLT Bibeltext der *Schlachter*, Copyright © 2000 Genfer Bibelgesellschaft.

Zitate aus den folgenden Bibeln wurden aus dem Englischen übersetzt:
(PHILLIPS) J. B. Phillips, *The New Testament in Modern English*, 1962 edition by HarperCollins. (THE MESSAGE) *The Message*, Copyright © by Eugene H. Peterson 2002. NavPress Publishing Group.

Umschlaggestaltung: Gabriel Walther – www.gabrielwalther.com
Umschlagfoto: Berlin – Gabriel Walther
Lektorat: Sonja Yeo, Thilo Niepel
Satz: Grace today Verlag
Druck: CPI – Clausen & Bosse, Leck
Printed in Germany

1. Auflage 2018

© 2018 Grace today Verlag, Schotten
Paperback: ISBN 978-3-95933-060-2, Bestellnummer 372060
E-Book: ISBN 978-3-95933-061-9, Bestellnummer 372061

Nachdruck und Vervielfältigung, auch auszugsweise, nur mit Genehmigung des Verlages.
www.gracetoday.de

STIMMEN ZU DIESEM BUCH

»Ich kann nicht genug des Guten über Rich Wilkerson jr. sagen. Er ist nicht nur ein enger Freund und unglaublicher Pastor, er ist eine Stimme in dieser Generation, der man nicht widerstehen kann. Seine Leidenschaft und seine Einsicht kommen in *Sandburgenkönige* ganz klar zum Ausdruck. Es liegt in unserem menschlichen Wesen, etwas zu bauen, das von Dauer ist und unserem Leben Bedeutung verleiht, ein Vermächtnis zu hinterlassen, das über uns selbst hinausgeht. Doch nur allzu oft lassen wir uns von Dingen blenden und ablenken, die vermutlich nie die Zeiten überdauern werden. In diesem Buch enthüllt Rich die Antwort auf unser Dilemma, indem er sein Augenmerk auf den Einen richtet, der nie verschwinden oder weggespült werden wird: Jesus.«

Judah Smith, leitender Pastor von *The City Church* in Seattle und Autor des New York Times-Bestsellers *Jesus ist.*

»Danke, Rich, dass du die Wahrheit ans Licht bringst, dass wir alle Könige unserer eigenen Sandburgen sind. Dieses Buch erinnert uns stark daran, dass Gott der Einzige ist, der uns ein festes Fundament gibt. Materielle Dinge zerfallen, Gottes festes Fundament hat Bestand! Es ist an der Zeit, dass wir unsere Schaufeln hinwerfen und Jesus die Führung übernehmen lassen.«

Christine Caine, Gründerin der *Kampagne A21* und *Propel Women*

»Pastor Rich ist einer der seltenen Menschen, die jeden Raum heller machen und jedem das Gefühl geben, wichtig zu sein. Seine optimistischen Ratschläge und seine Leidenschaft für das Wort Gottes sind ansteckend. Sein Einfluss auf meine Familie ist so positiv und erhellend; wir sind so gesegnet, dass er unser Pastor und unser Freund ist.«

Kim Kardashian West

»Rich Wilkerson jr. ist ein Geschenk für diese Generation. Seine Begeisterung für das Leben, sein reiches Familienerbe in der Gemeinde und seine Salbung, das Wort Gottes aktuell und leicht zugänglich zu vermitteln, hat zahllose Menschenleben beeinflusst und wird das auch in Zukunft tun.«

Brian Houston, leitender Pastor der *Hillsong Church*

»Rich Wilkerson jr. hätte der König der Sandburgen sein können – klug, begabt und viel zu gut aussehend, als dass es gut für ihn gewesen wäre! Stattdessen entschied er sich, sein Leben für das einzig wahre Königreich zu geben und die Welt zum einzig wahren König zu rufen. *Sandburgenkönige* befreit uns von der Illusion aller Königreiche, die keinen Bestand haben, um uns zu Bürgern des einzigen Königreiches zu machen, in dem wir alle frei sind!«

Erwin Raphael McManus, Gründer von *Mosaic*

»Das ist kein Buch; es ist ein Ruf zu den Waffen. Rich hat klar und leidenschaftlich einen Schlachtplan dargelegt, der dein Leben davor bewahren wird, ein Reich des Schmutzes und eine Geschichte des Was-hätte-sein-können zu werden. Ganz egal welche Fehler hinter dir liegen, *Sandburgenkönige* wird dir dabei helfen, ein Leben aufzubauen, das du auch in zehn Jahren und auch zehntausend Jahre danach noch haben willst.«

Levi Lusko, Pastor der *Fresh Life Church*

»Rich und ich wuchsen zusammen auf und schon damals wusste ich, dass er einen Einfluss auf Menschen haben würde, doch ich habe ihn weit unterschätzt. Ich erlebte mit, wie er sich in einem gemeinsamen Urlaub hinsetzte und einen Teil dieses Buches niederschrieb. Er konnte seine Gedanken damals nicht schnell genug heruntertippen. Er hatte wohl etwas Wichtiges erkannt, und nachdem ich *Sandburgenkönige* gelesen habe, muss ich sagen, das stimmt. Ich bin froh, dass er einen Teil jenes Urlaubs dafür geopfert hat, uns an die Wichtigkeit der Fundamente unseres Lebens zu erinnern. Das hat mich für immer verändert.«

Jason Kennedy, Co-Moderator von *E! News*

*Für meinen Schatz DawnCheré.
Worte werden nie der Liebe gerecht werden, die ich
für dich empfinde. Danke, dass du auf die Reise
mitgekommen bist. Das Beste liegt noch vor uns.*

INHALT

Vorwort 9
Einleitung 11

TEIL EINS: DER BOSS

Kapitel 1 Checklisten-Kinder 21
Kapitel 2 Wir sind nicht würdig 35
Kapitel 3 Wie man Jesus zum Staunen bringt 53

TEIL ZWEI: DIE WITWE

Kapitel 4 Eine Stadt namens Nain 77
Kapitel 5 Weine nicht 99
Kapitel 6 Steh auf 119

TEIL DREI: DER PREDIGER

Kapitel 7 Johannes, der Zweifler 141
Kapitel 8 Sei gesegnet 159
Kapitel 9 Was Gott hinter deinem Rücken über dich sagt 179

TEIL VIER: DIE AUSGESTOSSENE

Kapitel 10 Die Frau ohne Namen 197
Kapitel 11 Lass deine Vergangenheit hinter dir 213
Kapitel 12 Das Gleichnis 235

Danksagungen 251

VORWORT

Man sagt, nicht alle Dinge seien so, wie sie erscheinen! Und meistens trifft das auch zu. Flughäfen sind viel weniger »Verkehrsknotenpunkte« als »Orte, an denen man stundenlang warten muss und den Sinn des Lebens in Frage stellt«. Krispy Kreme Doughnuts *sehen zwar aus* wie der Himmel, aber in Wirklichkeit wird ihr ständiger Konsum verheerende Schäden bei dir anrichten. Das äußere Erscheinungsbild kann trügerisch sein! Das trifft nirgends mehr zu als bei den Dingen, von denen wir uns Erfüllung versprechen. Wir glauben, wenn wir mehr Dinge, mehr Erfolg, mehr Chancen, mehr Follower, mehr *Geld* hätten, würde unser wackliges Leben ausgeglichener, friedlicher und solider werden. Das Problem ist, dass unsere Welt voll ist mit Menschen, die »mehr« erreicht haben, die Reiche und Firmen und Beziehungen auf die Vorstellung von »Mehr« gebaut haben – die buchstäblich daran sterben, dass sie diese Vorstellung von »Mehr« verfolgen –, nur um herauszufinden, dass »Mehr« nicht das ist, wonach es aussieht. Es ist sogar noch schlimmer, ihr Streben nach »Mehr« verstärkt das »Mehr« der Leere in ihnen. Die teuflische Realität ist: Wenn wir erst sehr spät merken, dass das Streben nach Mehr ein Schwindel ist, kann es zu spät sein. Die Strände unserer Gesellschaft sind übersät mit Blut, Schweiß und Tränen, denn die endlose Suche nach festem Grund und Boden findet für viele kein Ende.

Doch es gibt einen besseren Weg: eine Begegnung mit Jesus. Und in diesem neuen Buch stellt Rich Wilkerson jr. Jesus genau als den vor, der er ist: die Antwort auf *alles*. Wir können unser ganzes Leben am Kreuz ausliefern und in der Erkenntnis Ruhe finden, dass ganz egal, was mit »den Dingen« dieser Welt geschehen wird, die zweifelsohne kommen und gehen werden, Jesus immer derselbe bleibt! Treu und wahrhaftig. Für die meisten scheint nicht offensichtlich zu sein, dass ein Zimmermann aus einer kleinen Stadt, ohne »von und zu« in seinem Namen, der nur drei Jahrzehnte auf dieser Erde war, alle Schlüssel für dieses Leben und die Ewigkeit haben sollte. Aber ich glaube, dass es wahr ist! Und ich bete dafür, dass dieses wichtige Buch im Leben von vielen die Alarmglocken schrillen lässt: bei denen, die schon erlebt haben, dass die Stürme des Lebens sie jenseits des Glaubens erschütterten und die keinen Schutz hatten, und bei denen, die sich noch entscheiden müssen, ob ihre Suche nach »Mehr« sie am Ende wirklich zu Jesus führt. Ich bete, dass die Wahrheit des Evangeliums für sie hell erstrahlt! Ich danke Gott für Rich Wilkerson jr., der die besondere Gnade hat, in die Welt der »Sandburgenkönige« einzutreten und viele zum wahren König und seinem unerschütterlichen Königreich zu führen. Dieses Buch ist ein Segen!

Carl Lentz
Hillsong NYC

EINLEITUNG

Als ich vierzehn war, beluden meine Eltern unseren Wilkerson-Familien-SUV und zogen mit meinen Brüdern und mir von unserer geliebten Heimatstadt Tacoma (Washington) nach Miami (Florida), an einen Ort, der uns so fremd vorkam wie der Mars. Von der Westküste an die Ostküste. Von Kalt nach Heiß. Vom Regen in die Sonne. Von Englisch zu allem anderen als Englisch. 3.668 Kilometer. Genauso gut hätten es drei Millionen sein können. Alles war fremd. Alles, außer dem Strand. Selbst im tristen, verregneten Tacoma hatte die Wilkerson-Sippe schöne Tage zusammen am örtlichen Strand verbracht. Und Miami hatte einen der besten Strände der Welt. Alles an ihm gefiel mir. Die Wellen, der Sand, die Geräusche. Aber vor allem gefiel es mir, Sandburgen zu bauen.

Erinnerst du dich noch an Sandburgen? Weißt du noch, wie toll es sich anfühlte, wenn du deine Hände in den kühlen Sand gegraben und deinen Eimer mit Sand gefüllt hast, der genau die richtige Konsistenz hatte – feucht genug, damit er zusammenpappte, aber nicht so nass, dass man ihn nicht formen konnte? Weißt du noch, wie du Mauern und Brücken gesetzt und den Burggraben mit genügend Meerwasser gefüllt hast, damit jeder Feind, der dumm genug war, deine Burg anzugreifen, darin ertrank? Meine Brüder und ich bauten stundenlang Sandburgen. Schaufel um Schaufel formten wir eindrucksvolle Bauten aus weißem Sand, glätteten sorgfältig die Ecken und höhlten Fenster und Türen aus. Wir gruben Flüsse und Teiche, bauten Türme und Brücken und verzierten alles mit Muscheln (denn das war es doch, was die Prinzessin gewollt hätte). Wir erschufen die Burgen; wir waren die Könige.

Am Schluss, als unsere Schultern schon rot waren von der Sonne, gaben wir den Burgen den letzten Schliff – ein Zweig hier, ein bisschen Seetang dort – und bestaunten, was wir gebaut hatten. Den Rest des Tages spielten wir dann am Strand und brüsteten uns jedes Mal, wenn wir an unserer Burg vorbekamen. Abgesehen von dem Fußball, der versehentlich dorthin geschossen wurde, oder dem Fuß, der tollpatschig darauf trat, blieben unsere Sandburgen den ganzen Tag über stehen und trotzten den Meeresbrisen und den Sonnenstrahlen, die erbarmungslos auf sie herabschienen.

Aber dann, gegen Ende des Tages, wenn die Sonne langsam unterging und die Flut kam, dachten wir an das, was alle Sandburgenbauer wissen und von dem sie sich wünschten, es wäre nicht wahr. Das Meer würde unsere Sandburg zerstören. Am nächsten Morgen würde sie nicht mehr da sein. Wir fuhren nach Hause und wussten, dass wir diese Burg nie wiedersehen würden. So gewiss, wie die Sonne im Osten aufgeht, würde unsere Burg am nächsten Tag verschwunden sein. Keine Spur würde mehr da sein – nur flacher, sandiger Strand, so weit das Auge sehen kann –, als ob wir nie dagewesen wären, als ob unsere Anstrengungen nie stattgefunden hätten. Als Lohn für unsere Mühen blieb uns nur der schmerzhafte Sonnenbrand vom Tag zuvor.

Beim Lesen in der Bibel ist mir etwas klargeworden: Kinder sind nicht die Einzigen, die mit Sand bauen und Sandburgenkönige werden. Im Matthäusevangelium erklärte Jesus dies folgendermaßen:

> *Wer auf mich hört und danach handelt, ist klug und handelt wie ein Mann, der ein Haus auf massiven Fels baut. Auch wenn der Regen in Sturzbächen vom Himmel rauscht, das Wasser über die Ufer tritt und die Stürme an diesem Haus rütteln, wird es nicht einstürzen, weil es auf Fels gebaut ist.*

Doch wer auf mich hört und nicht danach handelt, ist ein Dummkopf; er ist wie ein Mann, der ein Haus auf Sand baut. Wenn der Regen und das Hochwasser kommen und die Stürme an diesem Haus rütteln, wird es mit Getöse einstürzen. – Matthäus 7,24–27

Jesus redet nicht um den heißen Brei herum. Ein Haus, das auf ein solides Fundament gebaut ist, ist stabil und robust; ein Haus, das auf Sand gebaut ist, ist wackelig und einsturzgefährdet. Wenn die Stürme kommen (und früher oder später kommen Stürme), wird das stabile Haus stehen bleiben und das wackelige Haus umfallen. Das sagt uns unser gesunder Menschenverstand, stimmt's?

Doch wenn es darum geht, wie wir unser Leben bauen, bauen wir leider viel zu oft auf Sand anstatt auf massiven Fels. Manche bauen ihr Leben auf Geld. Andere bauen auf eine Beziehung oder körperliche Gesundheit oder Ruhm oder Wissen oder sogar ihre Familie. Falsche Möglichkeiten, ein Leben zu bauen, gibt es wohl so viele, wie es Sandkörner am Strand gibt.

Das Problem ist nicht, dass diese Dinge an sich schlecht wären. Die meisten Dinge sind an und für sich gut. Darum kann es auch so verlockend sein, unser Leben darauf zu bauen. Wer will denn nicht gut sein bei der Arbeit, eine starke Ehe führen, gesund und gebildet sein und tolle Kinder haben? Diese Dinge sind gut. Wir sollten sie haben wollen.

Das Problem entsteht erst, wenn wir eines dieser *guten* Dinge zu etwas *Grundlegendem* machen. Wenn wir der Vorstellung glauben, irgendetwas sei das Einzige, das uns Glück und Erfüllung schenkt, wird es in unserem Leben zur Priorität. Wir verfolgen es dann mit all unserer Kraft.

Wenn Geld unsere Grundlage ist, strengen wir uns nicht nur an und geben bei der Arbeit das Beste. Wir arbeiten abends und am Wochenende. Wir verpassen Geburtstage und Schulaufführungen. Wir vernachlässigen die Familie und Freunde. Wir denken nie darüber nach, welchen persönlichen Preis wir für unseren Erfolg zahlen. Wir denken nie darüber nach, was wir verlieren könnten.

Wenn Beziehungen unsere Grundlage sind, dann lieben wir andere Menschen nicht einfach nur. Dann suchen wir unsere Identität und unseren Wert in ihrer Liebe zu uns. Wir lassen zu, dass sie diktieren, wer wir sind. Wir verändern unseren Kleidungsstil, die Art, wie wir reden, die Dinge, die wir gern machen, und sogar unsere Moralvorstellungen; und all das, um sie dazu zu bringen, uns zu mögen. Wir halten nie inne, um darüber nachzudenken, dass das »wir«, das sie mögen sollen, gar nicht wirklich »wir« sind. Wir sind Blender; Rollen, die wir spielen. Wir merken nicht, dass wir, wenn wir die Maske zu lange tragen, sie vielleicht nie wieder abnehmen können.

Wenn körperliche Gesundheit unsere Grundlage ist, machen wir nicht nur für unser Wohlbefinden Sport oder um Krankheiten vorzubeugen. Wir machen Sport, um besser auszusehen als derjenige, der neben uns trainiert, damit wir am Strand von jedem um unseren Waschbrettbauch oder unsere straffen Arme und Beine beneidet werden. Wir machen Sport, damit wir beim Blick in den Spiegel unser Äußeres mögen, ohne uns dabei Sorgen darüber machen zu müssen, wer wir in unserem Inneren sind.

Die Ziele und Methoden sind unterschiedlich, aber das Ergebnis ist dasselbe.

Wenn wir aus etwas Gutem etwas Grundlegendes machen, sind Enttäuschung, Kummer und Verzweiflung vorprogrammiert. Egal wie hübsch unsere Sandburg aussieht, wie robust du ihre Mauern baust, wie tief den Burggraben, wie hoch die Türme – die Wellen werden sie am Ende überrollen und das Sandburgenkönigreich wird weggespült werden.

Wenn du die Schlagzeilen deiner Lieblings-Nachrichtenwebsite durchgehst, wirst du sehen, wie deutlich sich diese Wahrheit im Leben der Reichen und Berühmten zeigt. Wie viele junge Popstars sind wie ein Komet am Himmel aufgestiegen, hatten fast über Nacht unglaublichen Erfolg, dem unberechenbares Verhalten, Drogenmissbrauch, ein erfolgloser Reha-Aufenthalt folgten, bevor sie dann quasi wieder in der Versenkung verschwanden? Wie viele Ehen von Prominenten endeten mit der Scheidung, noch bevor die Flitterwochen vorbei waren? Wie viele Wirtschaftsmagnaten machten sich krumm und ergaunerten sich ihren Weg an die Spitze und verloren dabei ihre Ehe? Wie viele mussten erfahren, von den eigenen erwachsenen Kindern gehasst zu werden und wie ihre Firmen in einen Unternehmensskandal verwickelt werden? Sandburgenleben gibt es überall. Wir lesen jeden Tag von ihnen.

Aber das geschieht nicht nur in Hollywood oder an der Wall Street, stimmt's? Wir alle kennen in unseren eigenen Kreisen Menschen, die ähnliche Geschichten haben. Der Nachbar, der ein Workaholic ist und dessen Ehe sich nach zwanzig Jahren am Rand des Abgrunds bewegt. Der Cousin, der Alkoholiker ist und keinen Job behält. Die zweimal geschiedene Freundin, die dich immer wieder einlädt, damit du ihren neuen Freund kennenlernen kannst, von dem sie begeistert behauptet, er sei »der Richtige«. Der Bruder, der Triathlon macht und die Diagnose Krebs im Endstadium erhält.

Vielleicht hast auch du eine solche Geschichte erlebt. Vielleicht erlebst du sie jetzt gerade. Stürme kommen. Die Flut steigt. Die Frage ist, was passieren wird, wenn das Wasser in deine Burg einbricht. Besteht sie aus massivem Fels oder aus Treibsand? Das solide Haus wird Bestand haben. Das wacklige Haus wird einstürzen.

In diesem Buch geht es um verschiedene Menschen aus der Bibel, die ihr Haus, vollständig oder teilweise, auf Sand gebaut haben. Der Regen kam, der Fluss stieg an, der Wind blies und ihre Häuser stürzten um sie herum ein. Ihr Leben stürzte ins Chaos. Ihre Angehörigen wurden krank oder starben. Sie waren Ausgestoßene in ihrer Gesellschaft. Sie verloren die Hoffnung. Sie waren arm, mittellos, ruiniert. Mit einem Wort, sie waren »bankrott«. Du kennst das Gefühl, oder? Viele von uns kennen es. Und normalerweise spüren wir die Anzeichen dafür.

Obwohl wir es nicht gern zugeben oder zu lange darüber nachdenken, gibt es wahrscheinlich eine tiefe Sehnsucht in uns, die uns unsicher, unruhig, unzufrieden macht. Durch sie wünschen wir uns etwas anderes, einen anderen Ort, eine andere Person, einen anderen Job oder eine andere Identität. Wir haben wenig oder gar keine Ruhe und keinen Frieden. Wir lechzen nach mehr, oder weniger, oder etwas anderem. Verzweifelt rennen wir von einem Vergnügen zum nächsten und hoffen inständig, dass wir so etwas wie dauerhafte Befriedigung finden, um am Ende festzustellen: »We can't get no satisfaction« (Nichts kann uns zufriedenstellen).

An dieser Stelle können wir von den Erfahrungen der Menschen in der Bibel lernen, denen wir in diesem Buch begegnen werden. Inmitten ihres Bankrotts, genau zum richtigen Zeitpunkt, lief Jesus ihnen über den Weg. Ihre Geschichten sind alle verschieden, aber jedes Mal, als der Sturm brauste und das Wasser stieg, eilte Jesus in die zusammenstürzende Burg, rettete die Person und stellte sie auf festen Grund. Das ist heldenhaft. Das ist schön.

Diese erstaunlichen Geschichten stehen in Lukas Kapitel 7 (engl.: »Chapter 7«). »Chapter 7« ist, wie du vielleicht weißt, die Bezeichnung für eine der häufigsten Formen der Insolvenz in den Vereinigten Staaten. Jedes Jahr beantragen fast eine Million Menschen Insolvenz nach »Chapter 7«. Wenn jemand nach »Chapter 7« Insolvenz beantragt, besteht das Ziel darin, so viele Schulden wie möglich zu tilgen. Das Verfahren fordert normalerweise vom Schuldner, dass er den Großteil seiner Unternehmenswerte verkauft und in vielen Fällen werden so alle seine Schulden getilgt oder erlassen und der Schuldner kann finanziell wieder neu anfangen. Gläubiger hassen »Chapter 7«. Die meisten erhalten ihr Geld nicht wieder. Stattdessen, nachdem ein Richter überprüft hat, dass der Schuldner seine Schulden nicht zurückzahlen kann, ordnet er an, dass die Schulden erlassen werden müssen. Damit sind die Ansprüche der Gläubiger nicht mehr einklagbar.

Lukas Kapitel 7 enthält Geschichten, die einem Insolvenzverfahren nach Chapter 7 gleichen. Die Menschen sind ruiniert, können die Anforderungen ihrer jeweiligen Lebenslage nicht mehr erfüllen, können ihre Schulden nicht bezahlen – vor allem die größte Schuld von allen: ihre Schuld Gott gegenüber. Dann kommt Jesus in ihr Leben und sie erfahren Barmherzigkeit und Gnade. Ihre Schuld wird ihnen vergeben. Sie können wieder neu anfangen. Jesus gibt ihnen die Hoffnung wieder, die sie fürchteten, verloren zu haben. Gegen Ende von Lukas 7 lehrt Jesus seine Jünger anhand der folgenden Geschichte:

Darauf erzählte Jesus: »Ein Mann lieh zwei Leuten Geld – dem einen fünfhundert Denare und dem anderen fünfzig. Als keiner der beiden ihm das Geld zurückzahlen konnte, erließ er ihnen ihre Schulden. Wer von den beiden liebte ihn danach wohl mehr?« Simon antwortete: »Ich nehme an, derjenige, dem er die größere Schuld erließ.« »Das stimmt«, sagte Jesus. – Lukas 7,41–43

Gott hat mir in meinem Leben eine enorme Schuld vergeben. Ich möchte, dass du dieselbe Freiheit und denselben Frieden erfährst, die entstehen, wenn Jesus dir deine Schuld erlässt und dir einen Neuanfang ermöglicht. Egal wo du im Leben stehst – ob du gerade erst am Strand angekommen bist oder ob das Wasser gerade die Burg überflutet, die du seit Jahren gebaut hast –, hoffentlich hilft dir dieses Buch, festen Boden zu finden. Wenn wir uns die Geschichten in Lukas 7 ansehen, sollst du erkennen, dass Gott dich durch Jesus von geistlichem Bankrott rettet, indem er dir die größte Schuld vergibt, die du ihm schuldest. Jesus will, dass du aufhörst, Sandburgen zu bauen und vorzugeben, du seist der König. *Er* ist der König und er will dir helfen, dein Leben auf das einzige Fundament zu bauen, das stark genug ist, den Stürmen dieses Lebens standzuhalten: er selbst.

TEIL EINS

DER BOSS

Nachdem Jesus das alles gesagt hatte, ging er wieder nach Kapernaum. Dort lebte ein römischer Hauptmann, der einen Diener hatte, den er sehr schätzte. Nun war dieser Diener schwer erkrankt und lag im Sterben. Als der Hauptmann von Jesus hörte, schickte er einige angesehene Männer aus dem jüdischen Volk zu ihm und bat ihn, zu kommen und seinen Sklaven zu heilen. Diese baten Jesus inständig, mitzukommen und dem Hauptmann zu helfen. »Wenn jemand deine Hilfe verdient, dann er«, sagten sie, »denn er liebt die Juden und hat uns sogar die Synagoge gebaut.« Da ging Jesus mit ihnen. Doch kurz bevor sie das Haus erreichten, schickte der Hauptmann ihm ein paar Freunde entgegen und ließ ihm ausrichten: »Herr, mach dir nicht die Mühe, in mein Haus zu kommen, denn eine solche Ehre verdiene ich nicht. Ich bin nicht einmal würdig genug, selbst zu dir zu kommen. Sprich einfach ein Wort, und mein Diener wird gesund werden. Ich weiß das, weil ich dem Befehl von Vorgesetzten unterstehe und auch selbst Soldaten befehlige. Ich brauche nur zu einem von ihnen zu sagen: ›Geh‹, dann geht er, oder: ›Komm‹, dann kommt er. Und wenn ich zu meinem Diener sage: ›Tu dies‹, dann tut er es.« Als Jesus das hörte, staunte er. Er wandte sich zu der Menge und sagte: »Ich sage euch, einen solchen Glauben habe ich in ganz Israel nicht erlebt!« Und als die Freunde des Hauptmanns in sein Haus zurückkehrten, fanden sie den Diener gesund.

Lukas 7,1–10

KAPITEL 1

CHECKLISTEN-KINDER

Nachdem Jesus das alles gesagt hatte, ging er wieder nach Kapernaum. Dort lebte ein römischer Hauptmann, der einen Diener hatte, den er sehr schätzte. Nun war dieser Diener schwer erkrankt und lag im Sterben. Als der Hauptmann von Jesus hörte, schickte er einige angesehene Männer aus dem jüdischen Volk zu ihm und bat ihn, zu kommen und seinen Sklaven zu heilen. Diese baten Jesus inständig, mitzukommen und dem Hauptmann zu helfen. »Wenn jemand deine Hilfe verdient, dann er«, sagten sie, »denn er liebt die Juden und hat uns sogar die Synagoge gebaut.«

Lukas 7,1–6

Garage aufräumen

Als ich Kind war, war mein Vater regelmäßig von zu Hause weg. Meistens flog er Samstagmorgen weg und kam am darauffolgenden Donnerstag wieder zurück. Er war viel weg, aber das hielt ihn nicht davon ab, sich stark in unseren Alltag einzumischen. Er sprach immer mit uns, auch wenn er unterwegs war, und er ließ uns immer wissen, dass er sich darauf verließ, dass meine Brüder und ich unserer Mutter zu Hause halfen. Jede Woche machte er eine genaue Liste unserer Pflichten, bevor er das Haus verließ. An einem gewissen Samstag war es meine Aufgabe, die Garage aufzuräumen.

Ich hasste es, die Garage aufzuräumen. Ich mein, schließlich war es eine Garage! Warum musste sie aufgeräumt werden? Sie war doch schließlich nur der Aufbewahrungsort für unseren Müll! Bevor du mich jetzt aber wegen meines Gejammers verurteilst, musst du wissen, dass das Aufräumen der Garage der Familie Wilkerson mehr bedeutete, als nur den Boden zu kehren und die Mülltonnen rauszubringen. Für das Saubermachen dieser Garage brauchte man Kenntnisse in Geometrie oder Trigonometrie oder irgendeiner anderen dieser »-ometrien«, von denen du denkst, dass du sie nie im Leben brauchen wirst. Mein Vater benutzte farbiges Klebeband, um bestimmte Teile der Garage für bestimmte Gegenstände zu kennzeichnen. Die Fahrräder gehörten in die grüne Zone, die Werkzeuge in die rote. Der Rasenmäher und die Gartengeräte kamen in die gelbe Zone. Die Mülltonnen in die blaue. Jedes Ding hatte seinen Platz, so wie bei einem Puzzlespiel, und man musste erst alles an den richtigen Platz bringen, damit es zusammenpasste.

Aber an jenem Samstag planten meine Freunde und ich, am frühen Nachmittag zu einer Kinopremiere zu gehen. Die ganze

Woche hatte ich mich schon darauf gefreut. Wenn du jedoch im Hause Wilkerson deine Aufgaben nicht erledigt hattest, durftest du leider nicht mit deinen Freunden weggehen. Als ich an jenem Samstagmorgen erst spät aufwachte, war mir klar, dass ich es auf keinen Fall schaffen würde, die Garage aufzuräumen und es trotzdem noch rechtzeitig ins Kino zu schaffen. Ich musste mich also entscheiden: Garage aufräumen und kein Kino oder Kino und die Garage Garage sein lassen. Ich befragte das Engelchen und das Teufelchen, die auf meinen Schultern saßen.

Sicher errätst du, auf wen ich gehört habe. Ungefähr fünfzehn Minuten später war ich angezogen und auf dem Weg ins Kino. Ich traf mich mit meinen Freunden, kaufte mir Popcorn und setzte mich auf meinen Platz. Sobald das Licht ausging, dämmerte mir die Realität dessen, was ich getan hatte. In meiner Magengrube machte sich ein ungutes Gefühl breit. Ich erinnere mich nicht mehr daran, worum es in dem Film ging. Es spielte keine Rolle. Die ganze Zeit brachte ich damit zu, mir Sorgen zu machen, was Mama und Papa mit mir anstellen würden, wenn sie herausfänden, dass ich ins Kino gegangen war, ohne vorher meine Aufgaben zu erledigen. Für mich war das also auf jeden Fall ein Horrorfilm.

Als Papa an jenem Abend anrief, erzählte ihm Mama, was ich getan hatte und rief mich dann ans Telefon. »Richie«, sagte Papa, »es ist gut, dass du diesen Film heute gesehen hast, denn du wirst lange Zeit gar keinen Film mehr sehen! Du hast Hausarrest, bis wir es leid sind, dich im Haus um uns zu haben. Und du hast dir für den gesamten nächsten Monat das Aufräumen der Garage verdient.«

Die Strafe passte zum Verbrechen.

Checklisten-Kinder

Schon von klein auf belohnen uns unsere Eltern, wenn wir das tun, was wir tun sollen, und bestrafen uns, wenn wir Dinge tun, die wir nicht tun sollen. Wenn wir unsere Pflichten erfüllen, bekommen wir Taschengeld. Wenn wir die Garage nicht aufräumen, gehen wir nicht ins Kino. Wir lernen also schon sehr früh, was es heißt, uns etwas zu »verdienen«. Wenn wir etwas Gutes tun, lernen wir, dass wir etwas Gutes »verdienen«. Wenn wir etwas Schlimmes tun, lernen wir, dass wir schlimme Konsequenzen »verdienen«. Dieses Prinzip wird oft »Gerechtigkeit« genannt, auch wenn unsere Eltern es normalerweise als das bezeichnet haben, was »richtig« oder »fair« ist.

Das Verständnis von Gerechtigkeit ist ein wichtiger Teil der kindlichen Entwicklung und unser ganzes Erwachsenenleben über verlassen wir uns auf die Rolle der Gerechtigkeit. Gerechtigkeit ist eines der Gründungsprinzipien der amerikanischen Gesellschaft. Wir bestrafen Menschen, wenn sie etwas Schlimmes tun, wie Verbrechen begehen, und wir belohnen Menschen, wenn sie etwas Gutes tun, so zum Beispiel, wenn jemand eine Gehaltserhöhung bekommt, weil er außerordentlich gute Arbeit geleistet hat.

Gerechtigkeit ist wichtig für uns und wir haben unsere eigenen Vorstellungen davon, was sie beinhaltet. Es ist also nicht überraschend, dass wir, wenn wir über Gott nachdenken – den obersten Richter und die Quelle aller Gerechtigkeit –, erwarten, dass er sich uns gegenüber so verhält, wie wir es als gerecht empfinden. Wenn wir Gutes tun, wie beten und zur Gemeinde gehen oder einer alten Dame beim Überqueren der Straße helfen, erwarten wir, dass Gott uns segnet. Wenn jemand stiehlt oder Lügen verbreitet oder kleine Hunde tritt, erwarten wir, dass Gott diese Person bestraft.

Wir glauben, dass Gott eine Checkliste führt und Punkte verteilt. Wenn wir mehr Häkchen auf der Seite der »guten Dinge« haben als auf der Seite der »schlimmen Dinge«, wird Gott uns belohnen. Wenn wir mehr »schlimme Dinge« haben, wird Gott uns bestrafen. Dahinter steht die Vorstellung, dass wir im Leben das bekommen, was wir verdienen. Wir haben sogar einen geheimnisvoll klingenden Namen dafür: Karma. Darum haben wir Sprichwörter wie: »Wie man in den Wald hineinruft, so schallt es heraus.« Wir glauben, dass guten Menschen Gutes widerfährt und bösen Menschen Böses.

Darum ist es so schwer für uns zu verstehen, wenn guten Menschen Böses widerfährt. Wenn Papa seine Arbeit verliert oder deine Lieblingsoma Krebs bekommt oder ein Verbrecher seiner gerechten Strafe entgeht, empfinden wir, dass Gott seinen Teil nicht tut. Hat er seine Checkliste vergessen? Spielt all das Gute, was Oma getan hat, für Gott keine Rolle? Wir verstehen es nicht und finden uns mit der Vorstellung ab, dass das Leben (und Gott) nicht gerecht ist. Nun, manchmal ist das Leben nicht gerecht, aber manchmal ist es gerechter, als uns bewusst ist. Bei Gott ist unsere Vorstellung von Gerechtigkeit – dass wir das bekommen, was wir verdienen – sowohl »richtiger« als auch »falscher«, als wir es uns je vorstellen könnten. Mehr dazu später. Jetzt sprechen wir erst einmal über römische Soldaten.

Der römische Hauptmann

Nachdem Jesus das alles gesagt hatte, ging er wieder nach Kapernaum. Dort lebte ein römischer Hauptmann, der einen Diener hatte, den er sehr schätzte. Nun war dieser Diener schwer erkrankt und lag im Sterben. Als der Hauptmann von

Jesus hörte, schickte er einige angesehene Männer aus dem jüdischen Volk zu ihm und bat ihn, zu kommen und seinen Sklaven zu heilen. – Lukas 7,1–3

In den ersten Versen von Lukas 7 befand Jesus sich in einer Stadt namens Kapernaum, und zu jenem Zeitpunkt war er bereits ziemlich bekannt. Er hatte die Städte der Region bereist, über Gott gelehrt und Menschen geheilt. In den Versen direkt vor Lukas 7 hatte Jesus die Bergpredigt gehalten und gesagt: »Glückselig sind die Armen« und »Liebt eure Feinde« und »Richtet nicht« und viele andere bemerkenswerte Dinge.

Lukas sagt uns, dass eine große Menschenmenge Jesus folgte. Die einen wollten ihn unbedingt reden hören. Andere suchten Heilung. Wieder andere wollten unterhalten werden, ein, zwei Wunder sehen und dann nach Hause gehen. Ganz gleich, welche Beweggründe die Menschen hatten, sie reisten von überallher im Land an, um Jesus zu sehen und zu hören. Als Jesus in die Stadt kam, war das etwas ganz Besonderes. Er war eine Berühmtheit, aber ohne Geld und Anspruchsdenken.

Als Jesus nach Kapernaum kommt, dauert es nicht lange, bis sich herumspricht, dass er da ist. Nur zwei Verse weiter in Lukas 7 erfahren wir, dass Jesus bereits Stadtgespräch ist. Die Neuigkeit findet ihren Weg sogar bis zu einem bestimmten römischen Hauptmann.

Nur für den Fall, dass du während deiner Geschichtsstunden geschlafen hast, als die Antike behandelt wurde, werde ich dir etwas über römische Hauptmänner, die Zenturios, erzählen. Diese Kerle waren äußerst ergeben. Sie gehörten der römischen Armee an, die zu jener Zeit die furchterregendste und stärkste Militärmacht war, die die Welt je gesehen hatte. Hauptmänner befehligten um die einhundert Soldaten. Ausgewählt wurden sie aufgrund ihrer militärischen Erfahrung, ihrer Fertigkeit im Umgang mit den verschiedenen Waffen und der Empfehlungen anderer Offiziere. Hauptmänner waren dafür verantwortlich, die Soldaten innerhalb ihrer »Zenturie« auszubilden und zu disziplinieren, und sie erhielten eine gute Bezahlung. Sie waren intelligent, begabt, abgehärtet, selbstbeherrscht und extrem streng. Denk an Maximus aus dem Film *Gladiator*. (Ja, ich weiß, Maximus war ein General, aber du verstehst, was ich meine.) Mit diesen Kerlen war nicht zu spaßen.

In Lukas 7 steht jetzt, dass dieser Hauptmann einen Diener hatte, der so krank war, dass er im Sterben lag. Wir wissen nicht viel über diesen Diener, aber Lukas beschreibt, dass der Diener für den Hauptmann besonders wichtig war. Vielleicht war er sehr begabt oder besonders gut darin, die anderen Diener des Hauptmanns zu beaufsichtigen. Vielleicht stand er dem Hauptmann auf irgendeine Weise sehr nahe. Wie auch immer, der Diener war ihm so wichtig, dass der Hauptmann versuchte, ein Heilmittel für ihn zu finden. Aber bislang hatte nichts funktioniert. Trotz all seiner Macht und seines Reichtums konnte der Hauptmann nichts tun, um seinen Diener wieder gesund zu machen. Als er von Jesus hörte, dem berühmten jüdischen Heiler, beschloss der Hauptmann, ihm eine Chance zu geben.

In Lukas 7 nahm er Kontakt mit den jüdischen Ältesten in Kapernaum auf und bat sie, in seinem Namen mit Jesus zu sprechen. Der Hauptmann, der mit Autorität und Befehlsketten vertraut war, hatte vielleicht gedacht, es sei unangemessen für ihn, sich direkt zu Jesus zu begeben und die jüdischen Ältesten zu übergehen, die sich um das jüdisch-religiöse Leben in der Stadt kümmerten. Dass der Hauptmann die Ältesten darum bat, zu Jesus zu gehen und ihn zu bitten, seinen sterbenskranken Diener zu heilen, war demnach vielleicht ein Versuch, sich Jesus auf »angemessene« Weise zu nähern.

Ach, bitte, bitte, bitte!

Diese baten Jesus inständig, mitzukommen und dem Hauptmann zu helfen. »Wenn jemand deine Hilfe verdient, dann er«, sagten sie, »denn er liebt die Juden und hat uns sogar die Synagoge gebaut.« – Lukas 7,4–5

Die jüdischen Ältesten stellten jedoch mehr als nur eine höfliche Anfrage an Jesus. Sie »baten Jesus inständig« und versicherten Jesus, dass der Hauptmann Jesu Hilfe wert war. Sie verwiesen auf alle Häkchen, die der Hauptmann in der Spalte »Gute Dinge« hatte. Er liebte Israel. Er behandelte die Juden gut. Er hatte ihnen sogar eine Synagoge gebaut, in der sie Gottesdienst halten konnten.

Hier kommt eine interessante Dynamik ins Spiel. Zu jenem Zeitpunkt beherrschte das Römische Reich das Land Israel und die römische Armee war eine Besatzungsmacht, ein Todfeind des Volkes Israel. Der Hauptmann als Autorität, der für die römischen Soldaten in Kapernaum zuständig war, war einer der mächtigsten Männer in der Stadt. Er war ein Stellvertreter Roms, des größten und mächtigsten Reichs der Welt. Kapernaum war ihm fast vollständig ausgeliefert. Er hatte die Macht und Autorität, den Menschen dort das Leben schwer zu machen, die Macht Roms mit erbarmungsloser Brutalität durchzusetzen. Aber offenbar hatte er das nicht getan. Lukas erzählt uns, dass die Ältesten von dem Hauptmann angetan waren, weil er die Menschen liebte und ihnen einen Ort gebaut hatte, wo sie ihren Gott anbeten konnten.

Die Ältesten sprachen in den höchsten Tönen von dem Hauptmann, aber seine Freundlichkeit war wahrscheinlich nicht nur uneigennützig. Für römische Offiziere war es normal, andere Maßnahmen zu ergreifen als Gewalt, um ein erobertes Volk ruhig zu halten. Aufstände und Unruhen waren schädlich und teuer.

Wenn ein Offizier die örtliche Bevölkerung beschwichtigen konnte, indem er ein paar Gesetze lockerte oder ein neues Gebäude errichtete, war der anschließende Frieden den Preis wert.

Egal ob der Hauptmann nun ein netter Kerl war oder nicht, die Ältesten überzeugten Jesus, seinem sterbenskranken Diener zu helfen. Sie gingen direkt zur Checkliste und stellten all die »guten Dinge« heraus, die der Hauptmann für die Juden getan hatte. Aber in der Bibel steht Folgendes über Gott: Er beurteilt Menschen auf der Grundlage dessen, was in ihrem Herzen ist, nicht nach dem, wie sie nach außen erscheinen. In 1. Samuel 16,7 steht: »... Der Herr entscheidet nicht nach den Maßstäben der Menschen! Der Mensch urteilt nach dem, was er sieht, doch der Herr sieht ins Herz.« Die Ältesten versuchten, Jesus davon zu überzeugen, dass der Hauptmann Jesu Hilfe verdiente. Sie wiesen auf all das hin, wobei der Hauptmann den Juden in Kapernaum geholfen hatte.

Die Hilfe war echt und die Wertschätzung der Ältesten war wahrscheinlich auch echt, aber die Bibel lehrt uns noch eine andere Wahrheit: Wenn wir aus den falschen Gründen das Richtige tun, verdienen wir bei Gott gar keine Punkte. Gott prüft unsere Herzen und kennt die wahren Beweggründe für unser Handeln. Prediger 7,20 drückt das so aus: »Denn es gibt keinen Menschen auf der Welt, der sich in allen Lebenslagen richtig verhält und niemals irgendetwas Schlechtes tut«. Sogar unsere besten Taten werden leider von der Sünde in unserem Herzen beschmutzt. In Jesaja 64,5 (LUT) steht, dass »unsere Gerechtigkeit wie ein beflecktes Kleid [ist]«. Wenn Gott uns nicht die Kraft gibt, das Gute zu wählen, ist es für uns unmöglich, etwas zu tun, was wirklich gut ist. Unsere »guten« Taten sind bei Gott so viel wert wie ein schmutziges, stinkendes Kleid.

Zuvor sagte ich, dass bei Gott unsere Vorstellung von Gerechtigkeit – dass wir das bekommen, was wir verdienen – sowohl

»richtiger« als auch »falscher« ist, als wir es uns je vorstellen könnten. Es ist richtig in dem Sinne, dass Gott gerecht ist. »Er liebt Gerechtigkeit und Recht« (Ps 33,5 SLT), darum »bleibt [der Böse] nicht ungestraft« (Spr 11,21 SLT). Doch in zweierlei Hinsicht haben wir unrecht. Erstens sind wir inkonsequent in unserem Wunsch, dass Gott diese Gerechtigkeit vollstrecken möge. Wenn jemand mir unrecht tut, will ich, dass Gott ihn bestraft. Sofort. Aber wenn ich etwas Unrechtes getan habe, bin ich nicht so versessen darauf, dass Gott den Übeltäter bestraft. Und wenn ich etwas tue, das ich als gut ansehe, will ich, dass Gott mich belohnt, und zwar sofort. Wenn er das nicht tut, werde ich ungeduldig und frage mich, ob er wirklich gerecht ist. Zweitens zollen wir uns selbst mehr Anerkennung als wir sollten. Wir halten unsere gerechten Taten doch nicht für ein schmutziges Kleid, oder? Wir halten sie für etwas ziemlich Besonderes und erwarten, dafür ein bisschen Anerkennung zu bekommen, einen kleinen Klaps auf die Schulter. Wir denken im Leben nicht daran, dass unsere gute Tat eigentlich wertlos war.

Jesus wusste all das. Als die jüdischen Ältesten versuchten, ihn davon zu überzeugen, dass der Hauptmann ein guter Mann sei, dass er Jesu Hilfe verdiene, wusste Jesus es daher besser. Er wusste, dass der Hauptmann kein guter Mann war, nicht in dem Sinne, wie Gott »gut« definiert – denn niemand ist gut. Der Hauptmann war nicht gerecht, weil kein Mensch gerecht ist. Vielleicht tat der Hauptmann all diese Dinge, weil sie zu seinen eigenen egoistischen Interessen passten. Vielleicht auch nicht. So oder so, selbst die besten Taten des Hauptmanns waren für Gott wie ein schmutziges Kleid. Der Hauptmann hatte auf seiner Checkliste nicht genügend Häkchen an der richtigen Stelle. Abgesehen von Gott hat keiner von uns überhaupt Häkchen an der richtigen Stelle: »Denn alle Menschen haben gesündigt und das Leben in der Herrlichkeit Gottes verloren« (Röm 3,23). Darum verdiente der Hauptmann die

Hilfe Jesu nicht. Er hätte sie sich niemals verdienen können. Trotz seiner Macht, seines Reichtums, seiner Verbindungen und all der guten Dinge, die er für die Bewohner von Kapernaum getan hatte, war der Hauptmann moralisch und geistlich bankrott, so wie es auch alle von uns ohne Gottes Hilfe sind. Was Jesus dann tat, sollte uns überraschen.

Erstaunliche Gnade

Da ging Jesus mit ihnen. – Lukas 7,6

Warte mal! Was? Jesus wusste, dass der Hauptmann seine Hilfe nicht verdient hatte, dass auf seiner Checkliste so etwas Ähnliches stand wie: »Gute Taten: 0. Schlechte Taten: Viele.« Er wusste, dass sogar das Beste, was der Hauptmann je getan hatte, für Gott genauso viel wert war wie ein schmutziges Kleid. Er wusste, dass er dem Hauptmann nichts schuldig war. Und doch »ging Jesus mit ihnen«.

Was war da los? Verstand Jesus nicht, was Gerechtigkeit war? Wusste er nicht, dass die Menschen das bekommen sollten, was sie verdient hatten? Hatte er noch nie etwas von Karma gehört?

Nun, Jesus hat das Wort *Karma* wahrscheinlich nie verwendet, aber er wusste alles über Gerechtigkeit. Er hat sie erfunden. In Johannes 1,3 steht: »Durch ihn wurde alles geschaffen, was ist. Es gibt nichts, was er, das Wort, nicht geschaffen hat.« Alles. Einschließlich Gerechtigkeit. Jesus wusste, was der Hauptmann verdient hatte und was nicht, aber Jesus wusste auch, dass es in diesem Moment etwas viel Wichtigeres gab, als Gerechtigkeit zu vollstrecken. Jesus kannte die zwei größten Gebote: »Du sollst den Herrn, deinen Gott, lieben mit deinem ganzen Herzen und mit deiner ganzen Seele und mit deinem ganzen Denken und mit deiner ganzen Kraft!« und »Du sollst deinen Nächsten lieben wie dich selbst!« (Mk 12,30–31 SLT).

Jesus hätte die Bitte des Hauptmanns abweisen können. Er schuldete dem Hauptmann seine Hilfe nicht. Aber in diesem Moment erkannte Jesus eine Gelegenheit, Gott zu verherrlichen, indem er seinen Nächsten, den Hauptmann, liebte und jedem in Kapernaum zeigte, was »liebt eure Feinde« (Mt 5,44 SLT) wirklich bedeutet. Darum ging Jesus mit den jüdischen Ältesten mit.

KAPITEL 2

WIR SIND NICHT WÜRDIG

Da ging Jesus mit ihnen. Doch kurz bevor sie das Haus erreichten, schickte der Hauptmann ihm ein paar Freunde entgegen und ließ ihm ausrichten: »Herr, mach dir nicht die Mühe, in mein Haus zu kommen, denn eine solche Ehre verdiene ich nicht. Ich bin nicht einmal würdig genug, selbst zu dir zu kommen. Sprich einfach ein Wort, und mein Diener wird gesund werden.«

LUKAS 7,6–7

Warteschlangen am Flughafen

Warst du in letzter Zeit mal an einem Flughafen? Es ist verrückt. Alle haben es schrecklich eilig, angefangen von der Sekunde, in der du auf den Parkplatz fährst, bis hin zu dem seligen Moment, in dem du dich endlich auf deinem Sitzplatz im Flugzeug niederlässt. Taxifahrer, Parkplatzwächter, die Leute am Ticketschalter, die Angestellten bei den Sicherheitsschleusen, die Piloten ... jeder scheint völlig panisch zu sein und viele haben schlechte Laune. Als würden sie alle für eine Rolle in dieser Familie von *Kevin allein zu Haus* – die McCallisters – vorsprechen, stimmt's? Ich hätte einen tollen Kevin abgegeben. Aber ich schweife vom Thema ab.

Am Flughafen ist Chaos die Norm. Die Menschen haben Schlafmangel, sind zu spät dran, sind überarbeitet und haben zu wenig Koffein im Blut. Sie schleppen Taschen, die dreimal so schwer sind wie ihr eigenes Körpergewicht. Gelinde gesagt, es ist stressig. Das Herzstück dieses ganzen Irrsinns ist der Faktor, der am meisten Stress verursacht: die Warteschlangen. Die Schlangen am Flughafen nehmen anscheinend kein Ende. Du wartest in einer Schlange, um auf den Parkplatz zu kommen. Beim Einchecken stehst du in einer Schlange und wartest. Bei der Sicherheitsschleuse stehst du in der Schlange. Bei der Toilette, im Food-Court, um ins Flugzeug zu kommen, um aus dem Flugzeug zu kommen, bei der Gepäckausgabe, am Taxistand – überall stehst du in der Schlange! Und weil es so viele Warteschlangen gibt, sind die meisten spät dran, was zu Stress führt, was zu Ungeduld führt, was zu erhitzten Gemütern führt, was zu Streit führt, was dazu führt, dass ein Sicherheitsangestellter dich dazu auffordert, hinter einer Glaswand zu warten, wo er dich höflich befragen wird, aus welchem Land du kommst und wo du hinfliegen willst.

Ich kann eigentlich mit dem meisten Stress ganz gut umgehen: mit den Warteschlangen, dem schreienden Baby, dem tollpatschigen Schwerbepackten und ziemlich vielem anderen, abgesehen von dem Vordrängler. Erinnerst du dich an diesen Typen? Du bist mit ihm zur Grundschule gegangen. Jeder von uns. Er war derjenige, der immer aus dem Nichts auftauchte und vor alle anderen sprang, egal ob er dran war oder nicht. Ja, genau der Kerl. Er ist immer noch da und führt immer noch seine alten Streiche im Schilde. Glaubst du mir nicht? Dann geh an einen Flughafen. Nachdem du geduldig in der Schlange vor dem Parkplatz, in der Schlange vor der Rolltreppe und in der Schlange zum Einchecken gewartet hast, die länger ist als der Äquator, taucht dieser Kerl aus dem Nichts auf und spaziert einfach so vor dir an den Schalter. Er stand noch nicht einmal in der Schlange. Er schlenderte in den Flughafen, als würde er ihm gehören, ging schnurstracks an den circa fünfzehn Personen in der Schlange vorbei (dich eingeschlossen), stolzierte an den Schalter und begann, mit der Dame am Schalter zu sprechen, als stündest du gar nicht da. Ich bin gewiss ein geduldiger Mensch – zumindest arbeite ich daran –, aber ein Vordrängler kann auch mich als Pastor dazu bringen, einen gerechten Zorn zu verspüren!

Spaß beiseite, wie fühlst du dich, wenn sich jemand vor dich drängelt? Vielleicht sagst du etwas, vielleicht auch nicht, aber vermutlich ärgerst du dich. Warum? *Weil das nicht fair ist.* Du hast geduldig in der Schlange gewartet, wie man es von dir erwartet, und dieser Kerl nicht. Er hat geschummelt. Wenn du ihm das durchgehen lässt, wird er nicht das bekommen, was er verdient hat. Er verdient es, an das Ende der Schlange geschickt zu werden, oder Schlimmeres. Wenn dieser Kerl eben nicht früh genug aufgestanden ist (so wie du), oder früh genug gepackt hat (so wie du), oder rechtzeitig ankam (so wie du), dann verdient er es nicht, in der Schlange ganz vorne zu stehen (wo du bist). Er hat diesen Platz dort vorne nicht verdient. Du schon. Und darum kann er bitteschön seinen Platz ganz hinten einnehmen und vielleicht beim nächsten Mal ein bisschen früher kommen. Das ist nur *fair*.

Fairness und Gerechtigkeit sind an sich ja gute Dinge. Gott liebt beides. Gott ist sogar gerechter, als wir ihn vielleicht haben wollen. Letzten Endes wird er alle unsere guten und schlechten Taten beurteilen. Doch wenn wir Gott *nur* für gerecht halten, dann mangelt es uns ernsthaft an Gottesverständnis.

Jeder so, wie er es verdient

Vor ungefähr dreitausend Jahren stieg ein Mann namens Mose auf einen Berg. Dort gab Gott ihm die Gesetze, die Gottes Volk einhalten sollte. Wir nennen sie die Zehn Gebote. Vielleicht erinnerst du dich an einige von ihnen. Du sollst nicht töten. Du sollst nicht stehlen. Du sollst nicht lügen.

Alle zehn von ihnen findest du in 2. Mose 20,1–17. Im Laufe des gesamten Alten Testaments gab Gott seinem Volk noch viel mehr Gesetze, und die Priester und Lehrer ersonnen ihrerseits Regeln und Richtlinien, um den Menschen zu helfen, alle Gesetze einzuhalten.

Als Gott Mose erstmals die Zehn Gebote gab, schrieb Gott sie auf zwei Steintafeln. Hast du schon einmal den Ausdruck »in Stein gemeißelt« gehört? Daher kommt dieser Ausdruck. Wenn wir sagen, dass etwas »in Stein gemeißelt« ist, wollen wir damit sagen, dass wir es nicht ändern, nicht auslöschen, nicht ungeschehen machen können. Die Zehn Gebote wurden im wahrsten Sinne des Wortes in Stein gemeißelt. Sie sind unbeugsam und unveränderlich. Sie stehen für das ewige, unveränderliche Wesen Gottes. Sie sagen uns etwas darüber, wer Gott ist und was er von uns erwartet. Gott ist heilig und seine Maßstäbe sind außerordentlich hoch. Sie sind so hoch, dass keiner von uns sie je erfüllen wird. Hast du schon einmal gelogen? Warst du schon einmal auf jemanden neidisch? Warst du deinen Eltern gegenüber schon einmal respektlos? Wenn ja, dann hast du Gottes Gesetz gebrochen, und in der Bibel steht, dass du, wenn du ein Gesetz gebrochen hast, alle Gesetze gebrochen hast. In Jakobus 2,10 (NEÜ) steht: »Denn wer das ganze Gesetz hält und nur in einem Punkt dagegen verstößt, ist an allen Geboten schuldig geworden.«

Gottes Gesetz kann streng und hart wirken. Aber es ist auch wunderbar. Es sagt uns, dass Gott gerecht ist, dass er gut ist und Barmherzigkeit liebt. Hast du schon einmal darüber nachgedacht? Was wäre, wenn Gott nicht gut wäre? Was, wenn er nicht Gerechtigkeit lieben würde? Er hätte uns auch Gesetze geben können, die uns dazu auffordern, einander zu hassen, einander Böses zu tun, zu lügen, zu betrügen und zu stehlen. Aber das hat er nicht getan. Er hat uns Gesetze gegeben, die uns dazu auffordern, einander Gutes zu tun, einander zu helfen und einander nicht zu verletzen.

Noch schlimmer – was wäre, wenn Gott nie gesprochen hätte? Was, wenn Gott uns einfach alleingelassen hätte und wir alles selbst hätten herausfinden müssen? Was um Himmels willen hätten wir uns wohl ausgedacht? Ohne Gottes Gesetz gäbe es bei uns nur raue Rivalität, bei der einer gegen den anderen kämpft und der Stärkere überlebt. Die Schwachen wären die Opfer der Starken und es gäbe keine Hoffnung auf Besserung. Aber Gott hat uns nicht auf der Erde zurückgelassen ohne eine Vorstellung davon, wer er ist, und er hat uns sein Gesetz gegeben, damit wir ihn besser verstehen können. Im Gesetz steht, dass Gott gut ist und will, dass auch wir gut sind.

Wenn wir uns Gottes Gesetz und dann uns selbst ansehen, dauert es zu unserem Bedauern nicht lange, bis wir merken, wie weit wir von Gottes Maßstäben entfernt sind. Vielleicht tun wir einige gute Dinge, aber wir sind nicht perfekt. Wir sagen ja sogar immer dann »Ich bin nicht perfekt«, wenn wir etwas rechtfertigen wollen, was wir falsch gemacht haben. Wir sind nicht so heilig wie Gott. Noch nicht einmal annähernd.

Bei dem Versuch, unsere Fehler »auszubügeln«, strengen wir uns noch mehr an. Wir helfen noch mehr alten Damen über die Straße. Wir arbeiten ein paar Stunden ehrenamtlich in der Suppenküche. Wir werfen ein paar Münzen mehr in den Klingelbeutel. Wir tun, was wir unserer Meinung nach tun müssen, um die Waage ein wenig zu unseren Gunsten zu beeinflussen. Doch in der Bibel steht, dass wir unsere Fehler niemals ausbügeln können, ganz egal, wie sehr wir uns auch anstrengen. Ganz egal, wie viele ältere Damen mit unserer Hilfe über die Straße gelangen, ganz egal, wie vielen Obdachlosen wir etwas zu essen geben, ganz egal, wie viel Geld wir spenden, sobald wir Gottes Gesetze auch nur einmal gebrochen haben, können wir es nie wieder ungeschehen machen.

Gottes Gesetz ist ein Geschenk, denn es zeigt uns, wer Gott ist. Aber Gottes Gesetz ist auch eine Bürde. Wir können Gottes vollkommenem Maßstab nie gerecht werden. Wir werden immer scheitern. Wir werden immer noch mehr tun müssen. Das Gesetz stellt Forderungen; es lässt uns keine Ruhe.

Die gute Nachricht ist: Gott ist nicht nur gerecht, er ist auch unendlich barmherzig. Er ist so barmherzig, dass er seinen Sohn auf die Erde geschickt hat, um uns zu helfen. In Johannes 1,17 steht, dass Gott uns durch Mose zwar das Gesetz, durch Jesus uns aber »Gnade und Wahrheit« gegeben hat. In diesem kleinen Satzteil »Gnade und Wahrheit« steckt so viel. Als Jesus auf die Erde kam, wäre es nur fair gewesen, wenn er uns eins übergezogen hätte, weil wir Gottes Gebote nicht eingehalten haben. Das wäre Gerechtigkeit gewesen. Und das hätte einen tollen Film abgegeben. Der Held taucht auf, um alle Gesetzesbrecher zu bestrafen und alles wieder in Ordnung zu bringen. Das Publikum hätte gejubelt. Doch leider besteht das gesamte Publikum aus Gesetzesbrechern. Wenn Jesus auf die Erde gekommen wäre, um alle Übeltäter zu bestrafen, hätte er jeden bestrafen müssen. Das wäre zwar fair, aber für uns nicht angenehm gewesen.

Die tolle Nachricht ist, dass Gott Jesus nicht auf die Erde geschickt hat, um uns alle zu bestrafen, weil wir das Gesetz gebrochen haben. In Johannes 3,17 steht: »Gott sandte seinen Sohn nicht in die Welt, um sie zu verurteilen, sondern um sie durch seinen Sohn zu retten.« Das ist doch echt der Hammer! Gott gibt uns sein Gesetz, seinen Maßstab – was wir tun müssten, um als »gut« betrachtet zu werden – und jeder Einzelne von uns bricht das Gesetz. Wir versagen. Wir sind keine »guten« Menschen. Aber anstatt Blitze vom Himmel zu schicken, schickt Gott Jesus »voller Gnade und Wahrheit«, um die Welt zu retten. Unfassbar! In Matthäus 5,17 eröffnet Jesus uns, wie er die Welt retten wird: »Versteht nicht falsch, warum ich gekommen bin. Ich bin nicht gekommen, um das Gesetz oder die Schriften der Propheten abzuschaffen. Im Gegenteil, ich bin gekommen, um sie zu erfüllen.« Jesus kam, um die Welt zu retten, nicht indem er das Gesetz vernichtete, das wir nicht erfüllen konnten, sondern indem er das Gesetz auf eine Art und Weise erfüllte, wie wir es nie hätten tun können.

Im Baseball setzt der Trainer manchmal den sogenannten Pinch Hitter ein, einen Reservespieler, der aufs Feld kommt, um den Ball anstelle eines anderen Spielers zu schlagen. Normalerweise ersetzt der Pinch Hitter einen Spieler, der kein guter Schlagmann ist. In diesem kuriosen Vergleich sind wir der Schlagmann, der den Ball nicht trifft. Wir haben sogar viele Strikeouts. Und der Ballwerfer ist vollkommen, er spielt fehlerlos. Jeder Wurf sitzt. Und das Stadion ist riesig. Die Mauer ist so weit weg, dass, selbst wenn wir den Ball treffen würden, wir niemals einen Home-Run erzielen könnten. Vor ungefähr zweitausend Jahren schickte Gott Jesus ins Rennen, um an unserer Stelle den Ball zu schlagen. Und Jesus ist Meister im Home-Run. Als er zum Schlag kam, schmetterte er gleich den ersten Wurf über das Spielfeld hinaus.

Ich weiß nicht, wie es dir geht, aber für mich klingt das wie eine echt tolle Nachricht. Gott weiß, dass ich seinen Maßstab, sein Gesetz, niemals erfüllen könnte, darum schickte er Jesus, um das Gesetz an meiner Stelle zu erfüllen. Und Jesus kam »voller Gnade und Wahrheit« – nicht mit noch mehr Gesetzen. Er ist barmherzig, wenn ich Strafe verdient habe, er vergibt, wenn ich Verdammnis verdient habe, er gibt mir Freiheit anstelle von Gebundenheit und Ruhe anstelle von Werken. Das ist eine frohe Botschaft! Eine tolle Botschaft! Genau das bezeichnet das Neue Testament als »Evangelium«, als »frohe Botschaft«.

Als Kind stritt ich oft mit meinem Bruder. Jedes Mal, wenn wir uns stritten, gingen Mama oder Papa dazwischen und sorgten dafür, dass wir uns beieinander entschuldigten. Mein Bruder sagte immer schnell, dass es ihm leidtat. Ich hasste das. Und fast nie vergab ich ihm sofort. Ich dachte immer: *Du sagst ja nur, was du sagen sollst, damit du nicht noch mehr Ärger bekommst. Du meinst es ja gar nicht so. Es tut dir gar nicht leid.* Darum nahm ich seine Entschuldigung nicht sofort an. Ich verzog das Gesicht und schmollte. Ich handelte passiv-aggressiv, weil ich wollte, dass mein Bruder genauso litt wie ich. Tief in mir dachte ich: *Du verdienst meine Vergebung nicht. Du hast nichts dafür getan. Ich werde dir erst vergeben, wenn du genauso gelitten hast wie ich und verstehst, dass du mir wehgetan hast. Erst dann werde ich darüber nachdenken, dir zu vergeben. Du musst es dir verdienen. Das ist nur fair.* Wenn du Geschwister hast, verstehst du, was ich meine.

Aber Gnade ist alles andere als fair. Gnade bedeutet, etwas Gutes zu bekommen, ohne es zu verdienen. Das ist nicht fair. In der Bibel steht, dass Jesus »voller Gnade« war, nicht voller Fairness. Bei Gott wollen wir nämlich eigentlich nicht bekommen, was wir verdienen. Wir wissen, dass wir Gottes Maßstab nicht entsprechen: Vollkommenheit. Absolute Vollkommenheit. In jeglicher Hinsicht. Bist du vollkommen? Ich nicht. Nicht im Geringsten. Aber wir sprechen nicht gerne darüber, dass wir Gottes Strafe für unsere Fehler verdienen. Doch aufgrund des Evangeliums will Gott uns nicht das geben, was wir verdienen. Jesus kam, damit wir die unverdiente Gunst Gottes erleben können, damit wir Leben im Überfluss haben können. Was für ein Geschenk!

Und doch begegne ich von Zeit zu Zeit Menschen, die ihre Checklisten nicht loslassen können. Sie weisen immer wieder auf die »guten Dinge« hin, die sie getan haben, und versuchen, damit ihr Versagen und ihre Fehler aufzuwiegen. Hinter ihren Checklisten steht oft, dass sie sich weigern zu glauben, dass Gott Menschen wie sie lieben könnte, dass Gott ihnen alles vergeben könnte, was sie getan haben. Darum hören sie nicht auf, sich die Vergebung und Liebe verdienen zu wollen, die sie nur durch Gnade erhalten können. Sie versteifen sich auf Fragen wie »Liebt Gott mich? Könnte ich ihm je wertvoll sein? Habe ich genug getan, um seine Aufmerksamkeit zu verdienen?«. Ihre Identität hängt von dem ab, *was sie tun,* und nicht davon, *wer Gott ist.* Sie bleiben auf Abstand zu Jesus, weil sie sich wegen ihres Versagens schuldig fühlen. Doch die Vergebung, nach der sie sich so sehr sehnen, kann man außer bei Jesus nirgends finden.

Jesus ging

Zurück zu unserem Hauptmann. Jesus ist auf dem Weg zum Haus des Hauptmanns, als Lukas uns etwas Bemerkenswertes mitteilt:

Doch kurz bevor sie das Haus erreichten, schickte der Hauptmann ihm ein paar Freunde entgegen und ließ ihm ausrichten: »Herr, mach dir nicht die Mühe, in mein Haus zu kommen, denn eine solche Ehre verdiene ich nicht. Ich bin nicht einmal würdig genug, selbst zu dir zu kommen.
– Lukas 7,6–7

Das ist faszinierend. Bevor Jesus das Haus des Hauptmanns erreichte, schickte der Hauptmann einige Freunde vor, um Jesus zu sagen, er müsse nicht kommen. Nur drei Verse weiter oben hatte der Hauptmann seine Freunde geschickt, um Jesus anzuflehen, zu seinem Haus zu kommen. Was ist hier los? Ich glaube, der Hauptmann war wie einige von uns. Er wusste, dass er Jesu Hilfe brauchte, aber er wusste auch, dass er Jesu Hilfe nicht verdiente.

Je näher Jesus uns kommt, umso klarer wird uns, wie weit wir eigentlich von ihm entfernt sind, wie wenig wir seinen Vorstellungen von Reinheit, Weisheit und Heiligkeit entsprechen. Als dem Hauptmann klar wurde, dass Jesus näherkam, geriet er in Panik. Er wusste, dass er nicht würdig war. Mit seinen eigenen Worten sagt er uns, er verdiene es nicht, dass Jesus unter sein Dach kommt. »Was, wenn Jesus ins Haus hineinkommt? Was, wenn er sieht, wie unordentlich es ist? Was, wenn er sieht, wie verkorkst mein Leben ist?« Zu wissen, dass viele Menschen genauso denken, bricht mir das Herz. Jesus will zu ihnen nach Hause kommen, aber wenn er näherkommt, geraten sie in Panik und schicken ihn weg.

Wir wissen, dass wir seine Hilfe brauchen, aber auch, dass wir sie nicht verdienen. Und es ist uns peinlich, dass wir versagt haben, dass Chaos in unserem Leben herrscht und wir es nicht schaffen, das Chaos zu beseitigen. Darum geraten wir in Panik und weisen Jesus ab. Doch obwohl wir Jesus vielleicht abweisen, weil wir glauben, dass wir ihn niemals verdienen könnten, liegt die Ironie und Tragik darin, dass wir ihn erst dann verdienen, wenn wir ihn annehmen. Jesus weiß, dass wir wie Kranke sind, die einen Arzt brauchen. Er erwartet nicht, dass wir uns selbst heilen, bevor wir zum Arzt gehen. In Lukas 5,31–32 sagt Jesus: »Nicht die Gesunden brauchen den Arzt, sondern die Kranken. Ich bin gekommen, um Sünder zur Umkehr von ihren Sünden zu rufen, und nicht, um meine Zeit mit denen zu verbringen, die sich schon für gut genug halten.«

Ist das nicht komisch? Wir wissen, dass wir unser Leben ins Chaos gestürzt haben, dass wir Gottes vollkommenen Maßstab nicht erreichen. Doch aus irgendeinem Grund, lassen wir Jesus nicht an uns heran. Wir wollen erst alles in Ordnung bringen, bevor wir ihn hereinlassen. Wir wollen seine Gegenwart erst verdienen, aber etwas in uns weiß, dass wir das nie könnten.

Im Zentrum dieses Denkens steht der Stolz. Stolz bedeutet unter anderem, »eine übermäßig hohe Meinung von der eigenen Bedeutung zu haben«. Dabei handelt es sich um Selbstzentriertheit. Wenn wir stolz sind (und wir alle sind stolz), geht es nur um uns. Egal ob wir gut oder schlecht von uns denken, wir denken nur an uns. Unser »Ich« ist das Problem, nicht die Lösung. Jesus ist die Lösung. Solange ich mich auf mich selbst konzentriere, wird es mir schwerfallen, ihn zu sehen.

Stolz ist eines der schlechten Fundamente. Er ist ein auf Sand gebautes Haus. Wir können ihn aufmöbeln, ihm einen netteren Namen geben – wie zum Beispiel Selbstvertrauen – und ihm so zu Ansehen verhelfen, doch wenn die Wellen heranrollen, stürzt der Stolz in sich zusammen wie eine Sandburg. Wir können uns nicht auf ihn verlassen, weil wir uns nicht auf uns selbst verlassen können.

Wenn ich ehrlich zu mir selbst bin, weiß ich, dass keiner mich je mehr enttäuscht hat als ich mich selbst. Keiner hat mir gegenüber mehr Versprechen gebrochen als ich selbst. Trotzdem verlasse ich mich aus irgendeinem Grund gerne weiterhin auf mich selbst. »Nächstes Mal mache ich es besser«, denke ich. Und so baue ich die Sandburg wieder auf. Wir ermutigen uns sogar gegenseitig dazu. Wir sagen: »Du schaffst das. Glaub einfach an dich.« Ein solcher Ratschlag kann seine Berechtigung haben, aber wenn es um unsere Beziehung mit Gott geht, können wir ihn nicht anwenden. Doch aus irgendeinem Grund versuchen wir es immer wieder.

In der Highschool habe ich einmal fünfzig Cent in einen Getränkeautomaten gesteckt und den Knopf für Cherry Cola gedrückt, aber nichts kam raus. Ich drückte einen anderen Knopf und nichts kam raus. Ich hab nochmal fünfzig Cent reingesteckt und wieder auf den Knopf gedrückt. Nichts. Ich verpasste dem Automaten einen Tritt und murmelte ein paar nicht so nette Worte vor mich hin. Wieder kam nichts heraus. Als ich kurz davor stand, die Krise zu kriegen, kam ein Freund vorbei und sagte: »Hey Mann, siehst du das Schild nicht?« Ich schaute auf die Seitenwand des Automaten und sah ein großes gelbes Schild mit der Aufschrift »AUSSER BETRIEB«.

Ich hätte all meine Ersparnisse in diesen Automaten stecken und ihn treten können, bis mein Fuß grün und blau gewesen wäre, und brüllen können, bis meine Stimme versagt hätte. Das hätte alles nichts gebracht. Der Automat war außer Betrieb. Ohne Jesus trifft das auch auf unser Leben zu: Es ist außer Betrieb und kann uns nicht das geben, was wir brauchen, ganz egal, wie sehr wir uns anstrengen, um es zum Funktionieren zu bringen.

Nicht gut genug

An diesem Punkt bist du vielleicht versucht, auf unterschiedliche Art und Weise zu reagieren. Erstens, du könntest anderer Meinung sein als ich. »Rich«, könntest du sagen, »du weißt nicht, wovon du sprichst. Ich habe mich bis jetzt immer auf mich selbst verlassen und bin schon so weit gekommen. Keiner gibt auf mich acht, also muss ich auf mich selbst achtgeben.« Ich verstehe, was du meinst, vor allem wenn du Eltern hast, die dich nicht so geliebt und gefördert haben, wie Eltern das eigentlich tun sollten. Wenn du dich quasi selbst großziehen musstest, gilt dir meine Anerkennung. Ich weiß, wie schwer das ist. Aber bitte mach nicht den Fehler und glaube, dass du dich auf dich selbst verlassen musst, um dir den Weg zu Gott zu verdienen. Das kannst du nicht und Gott will das auch nicht. Er hat einen Weg geschaffen und dieser Weg heißt Jesus.

Zweitens, du könntest mir glauben. Du könntest mir darin zustimmen, dass man sich seinen Weg zu Gott nicht verdienen kann. Du könntest mir zustimmen, dass du selbst dein größter Feind bist, dass keiner dich mehr enttäuscht hat als du selbst. Du weißt, dass du ein Sünder bist. Du weißt, dass du total verkorkst bist. Du glaubst vielleicht sogar, dass du wertlos bist.

Mein Freund, bitte glaube mir, wenn ich dir sage, dass du nicht wertlos bist. Du bist geliebt. Der allmächtige Schöpfergott liebt dich so sehr, dass er seinen Sohn gesandt hat, um dich zu retten. Deine Taten mögen wertlos sein, aber du bist es nicht. Wenn du an Gott glaubst und daran, dass Gott die Welt unter Kontrolle hat, dann musst du anerkennen, dass du planmäßig hier bist. Es ist sein Plan. Anders ausgedrückt, er hat dich absichtlich hier auf die Erde gestellt. Dein Leben ist Teil seines Plans und er hat einen Plan für dein Leben.

Denk darüber nach. Bevor du gezeugt wurdest, fand ein gewaltiges Wettrennen statt. Die einzige Zelle, die sich am Ende mit einer anderen Zelle verband, um du zu werden, hat 280 Millionen andere Zellen überholt, die nicht du waren. 280 Millionen! Das sind mehr als die Bevölkerung von Russland, Deutschland und Südkorea zusammen. Unter 280 Millionen Zellen hast du das Rennen gemacht. Denk mal darüber nach, wie erstaunlich das ist. Deine Gewinnchancen lagen bei 1 zu 280 Millionen. Nur zum Vergleich: Deine Chancen, im Lotto zu gewinnen, liegen bei 1 zu 175 Millionen. Es ist also wahrscheinlicher, im Lotto zu gewinnen, als all die anderen Zellen zu schlagen und ins Dasein zu kommen. Und doch bist du da! Du hast das Rennen gewonnen.

Wenn du glaubst, dass Gott diese Welt unter Kontrolle hat, bedeutet das, dass er sich unter 280 Millionen Optionen dafür entschieden hat, dich zu machen – dich mit deinen Pickeln, deinen wuscheligen Haaren und deiner näselnden Stimme. »Erstaunlich und wunderbar« hat Gott dich gemacht (Ps 139,14 SLT). Weißt du, was Gott noch über dich sagt? Epheser 2,10 (NEÜ) weist darauf hin, dass du in Jesus Gottes Meisterstück bist. Ein Meisterstück ist das beste Werk eines Künstlers. Gott – der Gott, der das Universum erschaffen hat, der Gott, der den Großen Wagen, den pazifischen Ozean, den Grand Canyon, den gewaltigen Mammutbaum, die zarte Rose und jedes erstaunliche und wunderbare Wesen gemacht hat, das durch diese Welt läuft und schwimmt und fliegt –, dieser Gott bezeichnet dich als sein Meisterstück.

Sieh es mal so. Der Wert einer Sache wird oft nach dem bemessen, was ein Käufer dafür zu bezahlen bereit ist. Als meine

Frau und ich 2007 nach Miami zogen, brauchten wir eine Wohnung, suchten nach der vollkommenen Wohnung und fanden sie schließlich. Es war eine wunderschöne, moderne Eigentumswohnung mitten im Zentrum der Stadt. Wir kratzten unser Erspartes zusammen, liehen uns noch etwas und kauften die Wohnung. Wir liebten sie, und wir bezahlten eine Menge Geld für sie. Wir glaubten, wir hätten trotzdem ein gutes Geschäft gemacht. Als 2008 die Finanzkrise kam, kollabierte der Immobilienmarkt und wir befanden uns schnell in der gleichen misslichen Lage wie viele andere Amerikaner. Unsere Eigentumswohnung war viel weniger wert als das, was wir für sie bezahlt hatten. Für uns war sie immer noch mehr wert, als wir für sie bezahlt hatten, aber für den Immobilienmarkt zählte nur, dass kein Käufer bereit war, den gleichen Preis wie wir zu bezahlen. Der Wert wurde vom Käufer diktiert.

Dasselbe gilt für dich und mich. In Johannes 3,16 steht: »Denn Gott hat die Welt so sehr geliebt, dass er seinen einzigen Sohn hingab, damit jeder, der an ihn glaubt, nicht verloren geht, sondern das ewige Leben hat.« Wenn du den Rest der Geschichte liest, erkennst du, dass Gott Jesus nicht auf die Erde sandte, um sich einfach nur mit uns anzufreunden. Jesus führte ein erstaunliches Leben, ein vollkommenes Leben und wurde dann an einem Kreuz getötet. All das war keine Überraschung für Gott. Nein, es war sogar Gottes Plan. Er liebte die Welt (dich eingeschlossen) so sehr, dass er seinen Sohn sandte, um sie zu retten, obwohl er die ganze Zeit über wusste, dass Jesus gefoltert und getötet werden würde. Gott glaubte, dass du es wert bist. Wenn du also das nächste Mal glaubst, dass du wertlos bist, denk daran, dass dein Wert sich nach dem bemisst, was Gott für dich bezahlt hat. Gott hat dich mit dem Blut seines Sohnes Jesus Christus erkauft. Dein Wert entscheidet sich nicht daran, was du tust oder nicht tust. Er bemisst sich nach dem, was Jesus getan hat. Du bist nicht wertlos. Du bist unbezahlbar.

Das beste Geschenk, das ich als Kind je bekommen habe, war ein frischer 100 Dollar-Schein von meinen Großvater. Er kam frisch von der Bank, ohne Knitter, ohne Eselsohren. Ich weiß noch, dass er zu mir gesagt hat, ich solle ihn sparen. Ich glaube, ich habe ihn ungefähr eine Woche behalten, bis er mir förmlich ein Loch in die Hosentasche gebrannt hat und ich das gesamte Geld ausgab. Nun, ganz egal wie alt du bist: Es ist aufregend, 100 Dollar zusätzlich ausgeben zu können – egal ob der Geldschein nagelneu und knitterfrei oder zerknautscht und schmutzig ist. Du kannst ihn in der Maschine waschen und er wird trotzdem noch 100 Dollar wert sein. Sein Wert ist unabhängig von seinem Zustand. Er bemisst sich nach dem, was dir jemand dafür gibt, und einhundert Dollar sind einhundert Dollar, egal wie zerknittert der Schein ist.

Vielleicht hast du schon ein paar schlimme Sachen durchlebt. Vielleicht bist du nicht stolz auf alle Entscheidungen, die du getroffen hast. Ich bin es jedenfalls nicht. Du weißt, dass du Gottes Maßstäbe nicht erreicht hast, aber das heißt nicht, dass du für Gott nicht wertvoll bist. Es ist sogar so, dass dein Wert sich trotz deiner Entscheidungen, trotz deiner Vergangenheit, trotz deiner Knitter in Gottes Augen nicht verändert hat. Wie der Hauptmann hast du Gott nicht verdient. Und doch bist du für ihn von unschätzbarem Wert. Und er allein darf über deinen Wert entscheiden.

Jesus hat sich dir zur Verfügung gestellt. Vielleicht fühlst du dich nicht würdig, zu ihm zu kommen, aber er versucht, zu dir zu kommen. Er liebt dich und kam auf diese Erde, um dich zu retten, um dir eine Zukunft und eine Hoffnung zu geben. Jesus ging zu dem Hauptmann, weil er ihn liebte. Es ging dabei nicht um den Hauptmann. Es ging um Jesus. Alles dreht sich um Jesus.

KAPITEL 3

WIE MAN JESUS ZUM STAUNEN BRINGT

»Sprich einfach ein Wort, und mein Diener wird gesund werden. Ich weiß das, weil ich dem Befehl von Vorgesetzten unterstehe und auch selbst Soldaten befehlige. Ich brauche nur zu einem von ihnen zu sagen: ›Geh‹, dann geht er, oder: ›Komm‹, dann kommt er. Und wenn ich zu meinem Diener sage: ›Tu dies‹, dann tut er es. Als Jesus das hörte, staunte er. Er wandte sich zu der Menge und sagte: »Ich sage euch, einen solchen Glauben habe ich in ganz Israel nicht erlebt!« Und als die Freunde des Hauptmanns in sein Haus zurückkehrten, fanden sie den Diener gesund.

Lukas 7,7–10

Tanzparty

Ich wuchs in einem überzeugten und strengen christlichen Elternhaus auf. Ich bin Prediger in der vierten Generation. Mein Vater, mein Großvater und mein Urgroßvater waren Prediger. Ich weiß nicht, was mein Ururgroßvater war, aber sein Sohn war Prediger, und das ist, schätze ich, ziemlich gut.

Wenn dein Großvater und dein Vater Prediger sind, dann befindest du dich ziemlich oft in der Gemeinde. Eigentlich bist du die ganze Zeit in der Gemeinde. Immer. Als ich Kind war, war die Gemeinde nicht einfach nur ein Teil meines Lebens. Die Gemeinde *war* mein Leben. Ich war jeden Tag dort. Unser wöchentlicher Ablauf sah in etwa so aus:

- SONNTAG: Morgengottesdienst, Sonntagsschule, Abendgottesdienst
- MONTAG: »A Taste of New Wine« (die christliche Version der Anonymen Alkoholiker)
- DIENSTAG: Chorprobe
- MITTWOCH: Jugendgruppe
- DONNERSTAG: »Frauen des Wortes«, Bibelstunde
- FREITAG (abends): evangelistischer Straßeneinsatz der Jugendgruppe
- SAMSTAG: »Sidewalk Sunday school« (Kindergottesdienst »auf dem Bürgersteig«)

Wenn du dich das nächste Mal darüber beschwerst, dass du mehrmals pro Woche in die Gemeinde gehen musst, stell dir den kleinen zwölfjährigen Richie Wilkerson vor, der jeden Montagabend zur christlichen Version der Anonymen Alkoholiker im Haus Gottes geht: »Hallo ihr. Ich bin Richie, und ich bin … na ja … ich bin zwar kein Alkoholiker, aber ich trinke sehr gern Traubensaft. Bitte betet für mich.«

Als Kinder der Familie eines Predigers hatten wir alle möglichen Regeln zu befolgen. Wir durften zum Beispiel bestimmte Wörter nicht sagen oder bestimmte Filme nicht sehen. Und, meine Güte, wir durften nicht tanzen, zumindest nicht auf bestimmte Weise und an bestimmten Orten. Wenn wir in der Gemeinde waren und die Musik stimmte und der Gottesdienst mitreißend war, wurden wir ermutigt, einfach wie König David »für den Herrn« zu tanzen. Aber außerhalb des Gemeindegebäudes war Tanzen verboten, vor allem zwischen Jungs und Mädchen.

Als mein dreizehnter Geburtstag sich näherte, wusste ich jedoch genau, was ich wollte. Keine neuen Schuhe, kein neues Fahrrad, keine neue Spielkonsole. Ich bat meine Eltern um eine Party, zu der Jungs und Mädchen kommen durften, mit Tanzen. Es war, als hätte ich um ein Maschinengewehr oder eine Heroinparty gebeten. Sie waren entschieden dagegen, aber ich bin ein Überredungskünstler und ich kann sehr stur und nervig sein. Ich bettelte und flehte so lange, dass sie schließlich nachgaben, mit einigen Bedingungen. Die Party musste im alten Haus der Wilkersons stattfinden (dem Haus meiner Eltern), und meine Familie – Eltern, Großeltern, Tanten, Onkel – musste als Aufsichtspersonal dabei sein. Zögernd willigte ich ein.

Als der Abend der Party endlich vor der Tür stand, war ich bereit. Meine Haare waren gegelt. Meine Nike-Schuhe waren blitzblank. Mein Tommy-Hilfiger-Shirt war mindestens zwei Nummern zu groß (sei nachsichtig mit mir, das waren die 90er). Ich wurde dreizehn und es war an der Zeit, ein Mann zu werden. Und zwar indem ich mit einem Mädchen tanzte.

Ich sagte dem DJ, er solle das romantischste Lied spielen, das mir einfiel: »Unser Gott ist ein mächtiger Gott« von Rich Mullins. Ernsthaft. Das habe ich mir ausgesucht. Ich meine, bei so einem Text muss ein Mädchen doch schwach werden, oder: »Und der Herr machte keine Scherze, als er sie aus Eden rausschmiss«? (Ich kann nicht glauben, dass ich das damals tatsächlich gemacht habe.)

Da war ich also, der Predigersohn, und tanzte (TANZTE!) mit einem Mädchen (MIT EINEM MÄDCHEN!), in unserem Haus, vor den Augen meiner Eltern, Großeltern, Tanten und Onkel zu der Musik von »Unser Gott ist ein mächtiger Gott«. Ich war der Inbegriff von Coolness und ich wusste das. (Wenn du dreizehn bist und deine ganze Familie im Pastorenamt tätig ist und du nichts anderes als die Gemeinde kennst, ist deine Vorstellung von Coolness ein bisschen schräg.)

Du bist als Kind wahrscheinlich nicht jeden Tag in der Gemeinde gewesen. Und du hast wahrscheinlich auch nicht deinen ersten Stehblues zu »Unser Gott ist ein mächtiger Gott« getanzt. Doch du hast durchaus deine eigene Sicht des Lebens. Wie wir alle. Aller Wahrscheinlichkeit nach wurde deine Sicht wie meine größtenteils in der Kindheit geprägt. Vielleicht hattest du liebevolle Eltern, die dich immer in die Gemeinde mitgenommen haben. Vielleicht nicht. Vielleicht haben sich deine Eltern scheiden lassen, als du noch klein warst und du hast einen von beiden nur am Wochenende oder in den Ferien gesehen oder noch seltener. Vielleicht hast du deine Eltern nie kennengelernt. Vielleicht bist du nie in eine Gemeinde gegangen. Vielleicht war deine Kindheit besser, als ich es mir vorstellen kann. Vielleicht auch schlimmer. Wo auch immer du herkommst, du kommst von irgendwoher und dieses Irgendwo hat deine Sicht aufs Leben geprägt. Manche sehen das Leben aus der Perspektive des Leidens. Andere aus der Perspektive der Armut. Wieder andere aus einer Perspektive, die von Bitterkeit, Zynismus oder Unglücklichsein geprägt ist.

Die Sichtweisen der Menschen werden von Dingen in ihrer Vergangenheit geprägt, und egal ob diese Dinge gut oder schlecht sind, sie machen es ihnen tendenziell unmöglich, die Welt klar und deutlich zu sehen, als trügen sie eine Brille mit der falschen Sehstärke. Wenn unsere Sicht verschwommen ist, fällt es uns schwer, die Wahrheit zu erkennen.

Durch unsere Sünde haben wir eine verschwommene Sichtweise, wenn es darum geht zu erkennen, wer in unserem Leben tatsächlich das Sagen hat. Selbst wenn wir noch sehr klein sind, glauben wir schon, wir hätten alles im Griff. Wir glauben, wir seien der Boss. Wenn alles so läuft, wie wir uns das vorstellen, ist alles gut. Wenn die Dinge anders laufen, bekommen wir einen Wutanfall, stampfen mit den Füßen, schmollen oder machen etwas kaputt. (Wenn du denkst, Kleinkinder seien die Einzigen, die Wutanfälle bekommen, dann kennst du wohl keine Aggressivität im Straßenverkehr, verbale Beleidigungen oder Sportfans.)

Unsere Sicht darauf, wer das Ruder in der Hand hat, ist verschwommen. Ganz egal, wie oft es sich herausstellt, dass wir unrecht hatten, wir denken immer noch, wir könnten die Welt um uns herum steuern. Mit anderen Worten, wir denken, wir seien Gott. Wie wir schon ein paar Mal gesehen haben, ist das nicht der Fall, und ein Teil davon, was es bedeutet, Jesus zu kennen, besteht einfach darin, zu begreifen, dass wir nicht Gott sind. Simpel, oder? Es ist simpel, aber für viele Menschen ist es nicht leicht.

Sichtweise

Stell dir vor, du hast eine Brille mit blauen Gläsern. Wenn du durch diese blauen Gläser eine Banane oder einen gelben Bus ansiehst, können sie so gelb sein wie Bibo aus der Sesamstraße, aber solange du durch diese Gläser schaust, sind die Banane und der Bus scheinbar grün. Die Gläser, durch die wir in die Welt blicken, färben unsere Sichtweise.

Jeder trägt eine solche Brille, und die Tönung ist bei jedem anders. Ich sehe die Welt nicht genauso wie du. Ich sehe sie noch nicht einmal genauso wie meine Frau. Manchmal ist meine Sichtweise zutreffend. Oft nicht. Wenn wir die Welt durch unscharfe Gläser sehen, verschwimmt unsere Sicht der Realität. Unsere Gläser lassen uns vielleicht glauben, wir hätten unser Leben völlig unter Kontrolle und dass das gemacht wird, was wir sagen. Unsere Sichtweise kann so verschwommen sein, dass wir uns selbst als Gott sehen.

Über die Jahre bin ich vielen Menschen begegnet. Und weil ich meinen Lebensunterhalt mit Reden verdiene, hatte ich die Gelegenheit, einige Fernsehshows zu moderieren, bei denen ich mich mit Promis unterhielt. Immer wieder habe ich gesehen, dass die erfolgreichsten Menschen oft auch die sind, denen es am schlechtesten geht. Jene, die die meisten Dinge besitzen, sind oft auch die traurigsten Menschen. Du kannst steinreich sein und alle Spielereien besitzen, die mit Geld zu bezahlen sind, und doch eine gänzlich leere Seele haben. Kanye West drückt es in seinem Lied »All Falls Down« (Alles stürzt ein) folgendermaßen aus:

It seems we livin' the American dream,
But the people highest up got the lowest self-esteem.
(Scheinbar leben wir den Amerikanischen Traum,
doch wer am weitesten oben ist, hat den geringsten Selbstwert.)

Oftmals kämpfen Menschen, die materiell sehr erfolgreich sind, mit dem schlimmsten geistlichen und emotionalen Schmerz. Egal wie viel Geld, Häuser oder Dinge ein Mensch besitzt, das alles kann nicht die Leere füllen, die er tief in seinem Herzen empfindet. Wie sehr du dich auch anstrengst, du kannst dieses Loch nie selbst füllen.

Manche Menschen werden ihr ganzes Leben lang vom Erfolg irregeführt. Wenn sie doch nur noch ein wenig mehr schaffen könnten, wenn ihr Eigenkapital doch nur etwas höher sein könnte, wenn sie doch nur in diese *eine* Gegend ziehen oder dieses *eine* Auto fahren oder in diesem *einen* Club Mitglied sein könnten, dann wäre alles in Ordnung. Dann würde dieses unbehagliche Gefühl, mit dem sie jeden Morgen aufwachen, endlich verschwinden. Die nächtlichen Sorgen würden endlich aufhören. Darum erklimmen sie die Karriereleiter oder bauen in harter Arbeit ihr Unternehmen auf – und erreichen irgendwann ihr Ziel. Sie bekommen die Gehaltserhöhung. Ihr Aktienbestand wird immer größer. Sie ziehen in dieses bestimmte Haus. Sie kaufen dieses bestimmte Auto. Und sie spielen Golf in diesem exklusiven Club. Und trotzdem haben sie keinen Frieden. Die Sorgen bleiben und sie verstehen nicht, warum. Sie sind endlich an dem Ort angekommen, an dem sie ihrer Meinung nach Zufriedenheit finden sollten, aber sie ist nicht da. Zufriedenheit findet man eben nicht an einem bestimmten Ort. Zufriedenheit findet man nur in einer Person: Jesus Christus.

In unserer Geschichte erlebte der römische Hauptmann einen Perspektivenwechsel. Viele in seinem Umfeld glaubten, er wäre der Hilfe Jesu würdig, aber der Hauptmann sah sich selbst in einem klareren Licht. Anstatt also seine eigene Autorität und seinen eigenen Ruf zu gebrauchen, um Jesus dazu zu zwingen, seinem Diener zu helfen, bekannte dieser mächtige römische Befehlshaber, dass er ohne Jesus leer, ja sogar verzweifelt war. Der Hauptmann – wie die meisten von uns auch – hatte früher sicherlich gedacht, er könnte seine Probleme mit seiner eigenen Kraft und seinem eigenen Verstand lösen, doch in seiner fatalen Lage gab er zu, dass er die Hilfe Jesu nötig hatte. Er konnte die Situation nicht ändern. Er hatte nicht die Kraft dazu. Er hatte große Autorität, aber selbst seine Autorität hatte Grenzen. Darum ging er zu Jesus, dem einzigen Menschen, der ihm in seinem Leid Frieden geben konnte.

Du kannst erst zu Jesus kommen, wenn du aufhörst, zu dir selbst zu kommen. Manchmal ist dafür einfach nur einen Perspektivenwechsel erforderlich. Wir müssen die unscharfen Brillen abnehmen, die uns glauben machen, wir seien Gott. Wir müssen unser Leben im Licht der Wahrheit betrachten, dass Jesus Herr ist. Nur in der Wahrheit werden wir Freiheit von unserer extrem ungenauen Sichtweise, von Bitterkeit, Sorgen und dem Zynismus dieser Perspektiven finden. Jesus ist die Wahrheit. Nur er kann dir den Frieden geben, nach dem du dich sehnst.

Jesus staunte

Erst vor Kurzem waren meine Frau DawnCheré und ich zur Geburtstagsfeier eines Freundes unserer Familie eingeladen. Der Mann ist schon älter und sehr elegant, mit allem materiellen Drum und Dran – Häusern, Autos, Kleidung, was auch immer. Dieser Mann hat alles. Als der Tag der Feier näher rückte, diskutierten DawnCheré und ich, was wir unserem Freund schenken wollten. Wir mögen diesen Mann wirklich sehr und das wollten wir durch unser Geschenk zum Ausdruck bringen. Wir gingen alle unsere Optionen durch, suchten wie wahnsinnig online und in den nahe gelegenen Einkaufszentren nach dem einen besonderen Geschenk. Er sollte es wertschätzen und beim Öffnen überrascht sein, weil wir uns so viel Gedanken darüber gemacht hatten. Wir suchten und suchten, aber ohne Erfolg. Was schenkt man einem Mann, der schon alles hat? Wir hatten keine Ahnung, wonach wir suchen sollten. Wenn man nicht weiß, wonach man eigentlich sucht, wird man es sehr wahrscheinlich auch nicht finden. Und genau das geschah.

Unser Freund ist also ein ganz besonderer Mensch – doch wenn du darüber nachdenkst: Womit könnte man deiner Meinung nach den Gott des Universums beeindrucken? Was könnten wir tun oder geben, das Gott ein »Wow!« entlockt?

In Lukas 7,7-8 finden wir etwas Bemerkenswertes. Erinnere dich daran, was in der Geschichte bisher passiert ist: Der römische Hauptmann hatte einen sehr kranken Diener und er wollte, dass Jesus diesen Diener heilt. Jesus macht sich auf den Weg zum Haus des Hauptmanns, doch bevor er dort ankommt, schickt ihm der Hauptmann einen Botschafter entgegen, um ihm zu sagen, er solle nicht kommen. Seltsam, oder? Wenn der Hauptmann doch seine Hilfe haben wollte, warum sollte er es sich anders überlegen und Jesus sagen, er solle nicht kommen? Der Hauptmann lässt Jesus durch seinen Botschafter ausrichten:

> *»Ich bin nicht einmal würdig genug, selbst zu dir zu kommen. Sprich einfach ein Wort, und mein Diener wird gesund werden. Ich weiß das, weil ich dem Befehl von Vorgesetzten unterstehe und auch selbst Soldaten befehlige. Ich brauche nur zu einem von ihnen zu sagen: ›Geh‹, dann geht er, oder: ›Komm‹, dann kommt er. Und wenn ich zu meinem Diener sage: ›Tu dies‹, dann tut er es.«* – Lukas 7,7-8

Der Hauptmann kannte sich mit Autorität aus. Er befehligte andere Männer und er erwartete, dass diese Männer seine Autorität genauso respektierten, wie er die Autorität seiner Vorgesetzten respektierte. Er wusste, dass die römische Armee ihre Stärke den folgenden Faktoren zu verdanken hatte: der Disziplin ihrer Soldaten und ihrer Fähigkeit, Autorität zu respektieren und ihr unabhängig von persönlichen Vorlieben zu gehorchen. Wenn der Hauptmann einen Befehl gab, wurde er befolgt.

Der Hauptmann verstand, dass Jesus in einer Autoritätsposition war. Doch die Autorität von Jesus war anders und viel größer als die des Hauptmanns. Der Hauptmann hatte davon gehört, wie Jesus die Kranken heilte und die Lahmen wieder gehend und die Blinden wieder sehend und die Tauben wieder hörend machte. Der Hauptmann erkannte, was da vor sich ging: Jesus hatte Autorität über die Natur. Jesus befehligte nicht hundert Soldaten. Er befehligte die gesamte Schöpfung. Genauso wie der Hauptmann wusste, dass seine Befehle auch aus der Ferne befolgt würden, erkannte er, dass Jesus nur ein Wort sprechen musste und die Schöpfung ihm gehorchen würde.

Ob der Hauptmann es zu dem Zeitpunkt wusste oder nicht – er stellte eine gewagte Behauptung auf. Die Juden zur Zeit Jesu wussten, dass nur eine einzige Person die letztendliche Autorität über die Natur hatte: Gott. Die Schöpfung hört auf Gottes Worte. Genau genommen erschuf Gott die Welt einfach, indem er sprach. Als der Hauptmann also behauptete, dass Jesus die Naturwelt durch seine bloßen Worte kontrollieren könnte, assoziierte er Jesus mit dem allmächtigen Schöpfer-Gott. Die Schöpfung würde Jesus – genauso wie Gott – aufs Wort gehorchen. Anders ausgedrückt, der Hauptmann hatte Glauben.

Lukas sagt uns, dass Jesus staunte, als er die Botschaft des Hauptmanns hörte. Begreifst du das? Jesus – die zweite Person der heiligen Dreieinigkeit, der Gott-Mensch, das Wort des Lebens, derjenige, durch den und für den alle Dinge geschaffen wurden – staunte. Er staunte! Und worüber staunte er?

Als Jesus das hörte, staunte er ... und sagte: »Ich sage euch, einen solchen Glauben habe ich in ganz Israel nicht erlebt!«
– Lukas 7,9

Über solchen Glauben. Der Hauptmann war ein beeindruckender Mann, aber es waren nicht seine Macht, sein Status oder seine Autorität, die Jesus zum Staunen brachten. Es waren nicht seine Moralvorstellungen oder das Gute, das er für die jüdische Gemeinde vor Ort getan hatte. Es war sein großer Glaube, der Jesus erstaunte.

Als der Diener des Hauptmanns krank wurde, lud der Hauptmann Jesus nicht zu einem Schwätzchen über Heilung ein. Er fragte Jesus nicht nach seinen Qualifikationen oder danach, welche medizinische Hochschule er besucht hatte, oder wie es möglich war, dass er Menschen heilen konnte, oder irgendetwas in dieser Richtung. Stattdessen setzte er seinen Glauben auf Jesus und bekannte, dass es ihm reiche, wenn Jesus ein Wort spräche, damit sein Diener geheilt würde. Und genau das geschah. Und währenddessen finden wir heraus, dass Jesus über den großen Glauben des Hauptmanns staunte.

Es gibt nur einen einzigen weiteren Bericht in der Bibel, der festhält, dass Jesus staunte. Er steht im 6. Kapitel des Markusevangeliums.

Jesus verließ diesen Teil des Landes und kehrte mit seinen Jüngern in seine Heimatstadt Nazareth zurück. Am folgenden Sabbat begann er in der Synagoge zu lehren. Viele der Zuhörer waren sehr erstaunt.

Sie fragten: »Wo hat er nur diese Weisheit her und die Macht, solche Wunder zu tun? Er ist doch nur ein Zimmermann, der Sohn Marias und der Bruder von

Jakobus, Josef, Judas und Simon. Auch seine Schwestern leben hier unter uns.« Und sie ärgerten sich über ihn.

Da sagte Jesus zu ihnen: »Ein Prophet wird überall verehrt, nur nicht in seiner eigenen Heimatstadt, von seinen Verwandten und von seiner eigenen Familie.« Weil sie nicht an ihn glaubten, konnte er keine Wunder bei ihnen tun und er legte nur einigen Kranken die Hände auf und heilte sie. Und er wunderte sich über ihren Unglauben. – Markus 6,1-6

Diese Geschichte ist alarmierend. Jesus ist in seiner Heimatstadt. Man denkt, dort würde er liebevoll und froh empfangen werden. Aber Jesus wird überhaupt nicht gefeiert. Er wird gerade mal geduldet. Die Menschen in der Stadt stehen seinem Dienst skeptisch gegenüber. Sie kritisieren Jesus. Sie machen sich über seine Vergangenheit lustig und gehen davon aus, sie wüssten alles über ihn, was man wissen müsste. Und Jesus wunderte sich beziehungsweise staunte über ihren Unglauben.

In der Bibel gibt es zwei Dinge, über die sich Jesus wundert beziehungsweise über die er staunt:

1. großen Glauben
2. Unglauben

Wenn Jesus unser Leben ansieht, was sieht er? Großen Glauben? Oder gar keinen Glauben? Ist Jesus erstaunt über dein Leben?

Großer Glaube

Wenn Jesus über großen Glauben staunt, sollten wir wahrscheinlich fragen: »Was genau ist Glaube?« Einfach gesagt, besteht Glaube darin, jemandem zu vertrauen, ohne zwangsläufig alles völlig zu verstehen. Verstehen ist etwas Gutes. Wissen ist gut. Weisheit ist umso besser. Aber in Lukas 7 sind es nicht das Wissen oder die Weisheit des Hauptmanns, die Jesus zum Staunen bringen, sondern sein Glaube, sein Vertrauen auf Jesus, obwohl der Hauptmann nicht alles völlig versteht. Er glaubt, dass Jesus eine Art Kraft hat, und er glaubt, dass die Kraft Jesu auf irgendeiner Autorität über die Schöpfung beruht, aber mehr als das kann der Hauptmann wahrscheinlich auch nicht erklären. Er vertraut Jesus einfach, und es ist ein Vertrauen, das er nachdrücklich dadurch zum Ausdruck bringt, dass ein einziges Wort von Jesus genug sei, um seinen Diener zu heilen. Jesu Wort genügte dem Hauptmann.

In Römer 10,17 (NEÜ) steht: »Der Glaube kommt also aus dem Hören der Botschaft und die Verkündigung aus dem Wort von Christus.« Begreifst du das? Der Glaube kommt aus dem Hören und Kennen von Gottes Wort. Lass uns also über ein paar Dinge nachdenken, die Gottes Wort betreffen.

1. Gottes Wort ist unsere Nahrung

Als Satan Jesus in der Wüste versucht, erinnert Jesus uns daran, dass das Wort die Kraft hat, uns zu versorgen. Jesus war in der heißen, trockenen Wüste und fastete schon vierzig Tage. Er muss Hunger gehabt haben. Satan wusste das und schlug Jesus vor, er solle ein paar der herumliegenden Steine in Brot verwandeln. Die Antwort Jesu ist faszinierend: »Der Mensch braucht mehr als nur Brot zum Leben. Er lebt auch von jedem Wort, das aus dem Mund Gottes kommt« (Mt 4,4). Mit anderen Worten, Jesus wurde nicht von normaler Nahrung am Leben erhalten, sondern von geistlicher Nahrung, den Worten Gottes.

Viele Menschen sehen die Bibel als ein staubiges altes Buch mit einer Menge Seiten und vielen »Du sollst«- und »Du sollst nicht«-

Anweisungen, die sie nicht einmal verstehen können. Darum lesen sie sie nicht. Und wenn sie in der Gemeinde groß geworden sind, haben sie Schuldgefühle, weil sie sie nicht lesen. Wir könnten tatsächlich Schuldgefühle verspüren, wenn wir nicht die Gewohnheit haben, das Wort Gottes in uns aufzunehmen. Aber noch mehr als das sollten wir Hunger verspüren! Gottes Wort nährt unsere Seele, den innersten Kern unseres Wesens. Wenn wir unserer Seele das Wort Gottes vorenthalten, lassen wir sie verhungern.

Körperliches Verhungern ist eine der traurigsten, herzzerreißendsten Arten zu sterben. Ich war einmal in der indischen Stadt Kalkutta. Ich werde nie vergessen, wie ich durch die Slums lief und die Auswirkungen extremer Armut sah: eingefallene Augen, vorstehende Rippen, geschwollene Bäuche, die schon wochenlang keine Nahrung mehr gesehen hatten. Es brach mir das Herz zu sehen, wie kleine Kinder am Abgrund des Todes waren, weil sie nichts zu essen hatten.

Wenn du dieses Buch liest, wirst du aller Wahrscheinlichkeit nach heute noch etwas essen, und du wirst dir wahrscheinlich keine Sorgen machen müssen, woher deine nächste Mahlzeit kommt. Wir im Westen sind körperlich gut im Futter. Dennoch frage ich mich, ob viele von uns eine verhungernde Seele haben, weil wir an einem ernsthaften Mangel an Gottes Wort leiden. Wenn wir in unsere Seele blicken könnten, so wie Gott es kann, was würden wir sehen? Ich fürchte, viele von uns hätten eine verschrumpelte, schwache Seele. Wenn wir sie sehen könnten, würden wir uns vielleicht so fühlen, wie wenn wir Menschen sehen, die körperlich verhungern. Und wir würden fordern, dass diese armen Seelen Nahrung bekommen.

Gott sei Dank für die Bibel. Die meisten von uns haben täglich und rund um die Uhr Zugang zu ihr; wenn wir uns doch nur die Zeit nehmen würden, sie auch zu lesen. Die Bibel gibt unserer Seele zu essen und stärkt unseren Glauben. Beim Lesen bekommen wir ein klareres Bild von Jesus. Unsere Sicht wird verbessert.

Jesus sagte, dass wir erst Leben in uns haben, wenn wir sein Fleisch essen und sein Blut trinken. Was für eine gruselige Aussage. Doch verstehe, was Jesus sagen will: Wenn wir das echte, überfließende, ewige Leben erfahren wollen, das Jesus anbietet, können wir das nur, indem wir sein Wort an jedem einzelnen Tag zu uns nehmen. Genauso wie unser Körper Nahrung braucht, braucht unsere Seele Jesus.

So oft versuchen wir, unser Leben als Christ zu leben, ohne täglich das Wort in uns aufzunehmen. Viele von uns geben immer wieder Versuchungen nach, weil wir einfach nicht stark genug sind, zu widerstehen. Kein Wunder. Wenn wir unserer Seele das Gute vorenthalten, sollten wir nicht überrascht sein, wenn wir keinen Erfolg haben. Wenn unser Bauch leer ist, sind wir versucht, ihn mit allem zu füllen, was wir in der Nähe finden können, egal ob es nahrhaft ist oder nicht. Wenn unsere Seele leer ist, sind wir viel empfänglicher für Versuchungen, weil wir diese geistliche Leere mit etwas füllen wollen, was uns in jenem Moment gut erscheint. Manchmal greifen wir dabei nach etwas Gutem, manchmal auch nicht. Sich beständig von der Bibel zu ernähren ist für die Seele das, was für den Körper eine strikt gesunde Ernährung ist.

Fülle deine Seele mit dem Wort Gottes. Jeden Tag. Das Ergebnis wird dir gefallen.

2. Gottes Wort ist unsere Waffe

Gottes Wort ist unsere Waffe gegen den Feind. Und wer ist der Feind? Unser Feind ist der Teufel, den die Bibel als den beschreibt, der umherstreift wie ein brüllender Löwe und nach einem Opfer sucht, das er verschlingen kann (siehe 1Petr 5,8). Satan untersucht unsere »Festung«, um uns dort zu treffen, wo es am meisten wehtut. Wir können den Angriff nicht immer verhindern, aber wir können uns darauf vorbereiten und bereit sein, Gottes Wort zu unserer Verteidigung zu gebrauchen. Sein Wort ist eine mächtige Waffe.

Das Wort Gottes ist lebendig und wirksam. Es ist schärfer als das schärfste Schwert und durchdringt unsere innersten Gedanken und Wünsche. Es deckt auf, wer wir wirklich sind, und macht unser Herz vor Gott offenbar. – Hebräer 4,12

… das Schwert des Geistes, welches das Wort Gottes ist. – Epheser 6,17 SLT

Achte darauf, dass Jesus auf Satans Verführungen in der Wüste immer mit dem Wort Gottes reagiert. Jedes Mal, wenn der Teufel versucht, Jesus vom Weg abzubringen, antwortet Jesus mit: »Es steht geschrieben …« Jesus wusste, dass selbst Satan, die Verkörperung alles Bösen, den Worten Gottes nicht standhalten konnte. Es ist enorm wichtig, dass wir das begreifen. Wenn wir vor einem geistlichen Angriff oder einer extremen Versuchung stehen, können wir zurückschlagen, indem wir das Wort Gottes als Waffe gebrauchen. Wir kämpfen nicht gegen Fleisch und Blut, sondern »gegen die Herrschaften, gegen die Gewalten, gegen die Weltbeherrscher der Finsternis dieser Weltzeit, gegen die geistlichen [Mächte] der Bosheit in den himmlischen [Regionen]« (Eph 6,12 SLT). Um eine geistliche Schlacht zu schlagen, brauchen wir geistliche Waffen.

Als Kind war ich nicht so der Kämpfertyp. Ich war eher ein lieber Freund. (Zumindest sagte ich das den Leuten immer, wenn ich Angst hatte zu kämpfen. Das klang besser.) Aber ziemlich schnell erlernte ich dieses Prinzip: Oft geht es gar nicht darum, wie gut man kämpfen kann, sondern wie gut die andere Person denkt, dass man kämpfen kann. Wenn also ein Kampf bevorstand, plante ich, die anderen davon zu überzeugen, ich sei verrückt. Ich sagte Dinge wie: »Alter, du kennst mich nicht. Ich bin verrückt! Ich bin schon von drei verschiedenen Schulen geflogen, weil ich Lehrer angegriffen habe. Du willst dich ganz sicher nicht mit mir anlegen! Ich nehme meine Medikamente nicht mehr. Du kennst mich nicht. Ich klatsch dich an die Wand!«

Ich weiß. »Ich klatsch dich an die Wand«? Wer sagt denn so was? Im Rückblick war es lächerlich, das zu sagen. Aber wenn Satan uns heute versucht, müssen wir genau das zu ihm sagen!

Teufel, du kennst mich nicht. Du kennst meine Familie nicht. Ich bin ein Kind Gottes. Ich bin der Bruder von Jesus Christus, dem König der Könige und dem Herrn der Herren, der alles gemacht hat und aufrechterhält, in dessen Namen sich jedes Knie beugen und jede Zunge bekennen wird. Teufel, ich klatsch dich an die Wand!

Wenn ich nur daran denke, werde ich ganz begeistert! Es ist wie bei dieser Szene in *Gladiator*, wo Maximus am Ende seine Maske abnimmt und dem Kaiser seine Identität offenbart:

Mein Name ist Maximus Decimus Meridius – Kommandeur der Truppen des Nordens – Tribun der spanischen Legionen – treuer Diener des wahren Imperators Marcus Aurelius – Vater eines ermordeten Sohnes – Ehemann einer ermordeten Frau –, und ich werde mich dafür rächen, in diesem Leben oder im nächsten!

Gottes Wort ist unsere Waffe und wir müssen sie gebrauchen!

3. Das Wort ist unser Wegweiser

Drittens, das Wort ist unser Wegweiser. Es leitet uns, wir folgen ihm. In unserer Generation sind viele verzweifelt auf der Suche nach Richtungsweisung. Ihr Leben fühlt sich leer, ziellos, bedeutungslos an. Sie glauben der postmodernen Lüge, dass alles relativ sei, dass wir eigentlich nicht wissen könnten, was wirklich wahr ist. Dementsprechend kennen sie nichts wirklich, noch nicht einmal sich selbst. Jeder Aspekt ihres Lebens – wie ihre Entscheidungen hinsichtlich Beziehungen, Freunden und beruflicher Laufbahn – beruht darauf, was sich im Moment am besten anfühlt. Je länger sie auf diese Weise Entscheidungen treffen, umso leerer, einsamer, frustrierter und hoffnungsloser fühlen sie sich.

Doch in Gottes Wort finden wir den besten Wegweiser, den wir haben können. Ich liebe die Worte Davids in Psalm 119,105: »Dein Wort ist eine Leuchte für meinen Fuß und ein Licht auf meinem Weg.« Was für ein wunderschönes Bild. In einer finsteren Welt, wenn nichts sicher erscheint, wenn man nur Schatten sehen kann und sich nicht sicher ist, welchen Weg man einschlagen soll, ist die Bibel ein Licht, das den Weg zeigt.

Ich habe ein tragbares Navi in meinem Auto. Ich liebe es. Ich tippe nur die Adresse ein und es sagt mir genau, welchen Weg ich nehmen muss, um dort hinzugelangen. Ganz egal, ob ich vorher schon einmal dort gewesen bin. Das Navi ist imstande, mich dort hinzubringen. Und man kann aus unterschiedlichen Stimmen wählen: männlich, weiblich, amerikanisch, britisch. Ich lasse es meistens auf die britische Dame eingestellt. Einem britischen Akzent vertraue ich immer.

Was ich an meinem Navi so mag, ist, dass es nicht aufhört zu funktionieren, nur weil ich falsch abgebogen bin. Die britische Dame sagt nicht »Du blöder Trottel!« zu mir und lässt mich dann im Stich. Stattdessen sagt sie nur: »Die Route wird neu berechnet«, und gibt mir dann neue Anweisungen. Normalerweise berechnet das Navi schon eine neue Route für mich und schickt mich auf den richtigen Weg, bevor ich überhaupt merke, dass ich vom Weg abgekommen bin.

Vielleicht bist du vom Weg abgekommen. Vielleicht ist dein Leben total verkorkst. Vielleicht sind deine Beziehungen kaputt oder deine Zukunft steht in Frage oder deine Träume sind zerplatzt. Vielleicht ist es bisher auch noch nicht so weit gekommen, aber du weißt, dass du genau darauf zusteuerst. Ich will dich Folgendes wissen lassen: Gott ist ziemlich gut darin, Menschen wie dich und mich zurück zu seiner Liebe, zurück zu seinem Plan, zurück in seine Arme bringen.

Gottes Wort wird dich leiten, wenn du es dich leiten lässt. Ernähre dich davon, kämpfe deine Schlachten damit und folge ihm als deinem Wegweiser.

Als Jesus das hörte, staunte er. Er wandte sich zu der Menge und sagte: »Ich sage euch, einen solchen Glauben habe ich in ganz Israel nicht erlebt!« Und als die Freunde des Hauptmanns in sein Haus zurückkehrten, fanden sie den Diener gesund. – Lukas 7,9–10.

Großer Glaube entsteht, wenn du beschließt, dass Gottes Wort genügt.

Wie wir gesehen haben, steckt in der Geschichte des Hauptmanns so vieles. Dieser Mann war erfolgreich. Und doch waren angesichts der Krankheit seines Dieners all seine Macht, sein Reichtum und sein Einfluss wertlos. Und er war in einer Krise. Hauptmänner waren abgehärtete, selbstsichere Personen, doch dieser merkte schließlich, dass seine Fähigkeiten begrenzt waren.

Um seinen Diener zu retten, müsste er über sich selbst hinauswachsen. Und als er am Ende seiner selbst war, fand er Jesus.

TEIL ZWEI

DIE WITWE

Bald darauf zog Jesus mit seinen Jüngern weiter zur Stadt Nain. Eine große Menschenmenge folgte ihnen. Als er sich der Stadt näherte, kam ihm ein Trauerzug entgegen. Der Tote war der einzige Sohn einer Witwe gewesen, und viele trauerten mit ihr. Als der Herr sie sah, empfand er großes Mitleid mit ihr. »Weine nicht!«, sagte er. Und er ging hinüber zur Bahre und berührte sie. Die Träger blieben stehen. »Ich sage dir«, sprach Jesus, »steh auf!« Da setzte sich der Verstorbene auf und fing an zu sprechen! So gab Jesus ihn seiner Mutter zurück. Angst und Ehrfurcht erfassten die ganze Menge. Sie lobten Gott und sagten: »Ein mächtiger Prophet ist zu uns gekommen. Heute hat Gott sein Volk besucht.« Berichte über diese Tat verbreiteten sich in ganz Judäa und bis über die Grenzen des Landes hinaus.

Lukas 7,11–17

KAPITEL 4

EINE STADT NAMENS NAIN

Bald darauf zog Jesus mit seinen Jüngern weiter zur Stadt Nain. Eine große Menschenmenge folgte ihnen. Als er sich der Stadt näherte, kam ihm ein Trauerzug entgegen. Der Tote war der einzige Sohn einer Witwe gewesen, und viele trauerten mit ihr.

Lukas 7,11–12

Es liegt nicht an dir. Es liegt an mir.

Hat schon einmal jemand mit dir Schluss gemacht? Mit mir schon, viele Male. Das ist das Schlimmste. Man ist ein paar Wochen oder Monate oder Jahre mit jemandem zusammen. Alles, was man hat, steckt man in diese Beziehung – Zeit, Gefühle, Geld –, nur um festzustellen, dass das, was man dachte, mit dieser anderen Person zu haben, eine Illusion war. Man hat es sich nur eingebildet.

Aus dem Nichts heraus sagt die Ex-Freundin in spe: »Mir wäre es lieber, wenn wir einfach nur Freunde wären« oder »Ich muss mich jetzt auf meine Karriere konzentrieren« oder »Es liegt nicht an dir. Es liegt an mir.« Ich bitte dich. Wäre ich Ryan Gosling, hätte das »mir« die Beziehung sicher nicht beendet. Mein ewiger Lieblingsspruch – so etwas sagen nur Gemeindeleute – ist: »Ich habe das Gefühl, Gott will, dass wir Schluss machen.« Warte mal. Was? Wer macht jetzt mit mir Schluss – *du* oder Gott? Heute Morgen habe ich noch mit Gott gesprochen und er hat gar nichts davon erwähnt.

Trennungen gibt es schon, solange es Beziehungen gibt. Wir sehen sogar ein paar Beispiele dafür in der Bibel. Du wusstest gar nicht, dass die Bibel sich mit Trennungen beschäftigt? Hier sind nur zwei Beispiele.

Ein Prophet namens Hosea kauft eine Sklavin und heiratet sie. Daraufhin verlässt sie Hosea und wird Prostituierte. Es ist ein schlechter Tag, wenn deine Frau dir sagt: »Ich bin dann mal weg. Lieber bin ich Hure, als mit dir verheiratet zu sein.« Autsch.

Simsons Freundin gibt ihm die antike Version von WICK MediNait, um ihn in Schlaf zu versetzen, und als er außer Gefecht gesetzt ist, rasiert sie seinen Kopf. Dann weckt sie ihn auf, um ihm zu sagen, dass sie ihn an seine Feinde verraten hat. Hat schon mal jemand mit dieser Begründung mit dir Schluss gemacht: »Es liegt nicht an dir. Es liegt an deinen Haaren«? Mit mir auch nicht.

An Thanksgiving Schluss gemacht

Ich bin schon seit neun unglaublichen Jahren verheiratet, und meine Frau ist toll, einfach wirklich toll. An den meisten Tagen begreife ich nicht, warum ich so ein Glück hatte, sie heiraten zu dürfen. Sie ist wahnsinnig begabt, super lustig, klug, warmherzig, liebevoll. Sie ist meine beste Freundin.

Wir sind uns mit siebzehn begegnet. Ich habe in Nashville meinen älteren Bruder Jonfulton besucht. Sie war mit ihrer Band auf Tour und spielte an einer Schule. Ich saß während des Soundchecks im Auditorium, als ich zur obersten Reihe hochschaute und sie sah: DawnCheré Lynea Duron. Alles andere im Raum erstarrte. Ich sah, wie ein Engel vom Himmel herabkam. Ich weiß, das ist klischeehaft, aber du warst ja nicht dabei. Ich war auf dem Parkett des Auditoriums und sie war in der hintersten Reihe, weit über mir. Das Licht schien hinter ihr und beleuchtete ihr blondes Haar fast wie einen Heiligenschein. Vielleicht habe ich das »Halleluja« gehört, vielleicht auch nicht, aber es war Liebe auf den ersten Blick. Sobald ich sie sah, sagte ich in Gedanken: »Du bist meine Auserwählte.«

Ich wünschte, ich könnte sagen, dass DawnCheré sich auch auf den ersten Blick sofort für mich entschied, aber es dauerte lange Zeit und kostete viel Überzeugungsarbeit. Am Ende gab sie nach. Zuerst wurden wir sehr gute Freunde und entdeckten, dass wir viel gemeinsam haben – Eltern im geistlichen Dienst, Spaß an der Musik, Leidenschaft für Gott. Und die Unterschiede zogen uns gegenseitig nur noch mehr an. Es dauerte nicht lange und wir waren unzertrennlich. Während der gesamten Collegezeit waren wir zusammen und machten alles gemeinsam – im Unterricht, mit Freunden, mit der Familie, im Dienst.

Aber unsere Beziehung war nicht perfekt. DawnCheré hat mehr als einmal mit mir Schluss gemacht. Und jedes Mal tat es weh. Sehr sogar. Du solltest über mich wissen, dass ich keine Drama-Queen bin. Ich bin ein Drama-King. Meine Mama sagte anderen immer: »Rich hat ein sehr ausgeprägtes Gefühlsleben.« Ich glaube, damit wollte sie nett umschreiben, dass ich auf grenzwertige Weise emotional instabil bin. Zwischen dem Satz »Er weint schnell« und »Vielleicht hätten wir ihn in die Irrenanstalt einweisen sollen« liegt ein gewisser Spielraum. In diesem Spielraum lebe ich.

Einmal machte DawnCheré an *Thanksgiving* Schluss mit mir. Ich war am Ende. Ich war zu Hause und meine Gemeindefamilie feierte mit einem tollen Festessen und Anbetungsliedern.

Hab Dank von Herzen, Herr,
Hab Dank, du Ewiger,
Hab Dank, denn du gabst Jesus,
Deinen Sohn.

Ich habe den ganzen Tag nichts gegessen. Weißt du, wie traurig man sein muss, um an *Thanksgiving* nichts zu essen? Keinen Truthahn. Keine Soße. Keinen Kuchen. Ich blies einfach nur Trübsal und sang meine eigenen Lieder, während ich meine Tränen hinunterschluckte:

Hab Dank, denn sie brach mein Herz;
Hab Dank für ihre Grausamkeit.
Hab Dank, denn sie nahm mir
Alle Freude fort.

Spaß beiseite, als DawnCheré – meine beste Freundin, meine Liebe, der Mensch, den ich irgendwann heiraten wollte – mit mir Schluss machte, sah ich mich gezwungen, mir ein paar ernste Fragen zu beantworten. War DawnCheré die Quelle meiner Freude und meines Friedens? Hatte ich meine Hoffnung auf sie gesetzt? War meine Zufriedenheit, meine Vollständigkeit, mein Befinden von einem anderen Menschen abhängig? War Jesus mein Fundament, wie ich gedacht hatte, oder war mein Leben auf meine Beziehung mit DawnCheré gebaut? Es dauerte ein paar Monate, aber DawnCheré und ich klärten unsere Meinungsverschiedenheiten, verlobten uns und heirateten drei Jahre später.

Viele von uns bauen ihr Leben vorsätzlich oder unabsichtlich in der ein oder anderen Weise auf andere Menschen. Vielleicht sind wir emotional von ihnen abhängig oder sehen sie als unser Glück, unseren Frieden oder unsere Stärke. Wir können buchstäblich das Gefühl haben, dass wir ohne sie nicht leben können. Ich will damit nicht andeuten, dass alle Beziehungen schlecht sind oder du den Kontakt zu anderen abbrechen und in einer Höhle leben solltest. Ich will nur darauf hinweisen, dass Beziehungen zerbrechlich sind. Sie sind zerbrechlich, weil Menschen zerbrechlich sind. Wenn wir unser Leben auf ein zerbrechliches Fundament bauen, auf irgendeine Art von Sand, wird das Fundament irgendwann Risse bekommen und das Leben, das wir aufgebaut haben, wird einstürzen. Vielleicht nicht dein ganzes Leben, aber ein guter Teil davon.

Eine Stadt namens Nain

Nachdem Jesus den Diener des Hauptmanns geheilt hatte, verließ er Kapernaum und zog weiter nach Nain, einer Stadt mit einem interessanten Namen. »Nain« bedeutet normalerweise »Weide«, aber es kann auch »schön« oder »unglücklich« bedeuten. Schön und unglücklich. Ist das nicht ein seltsamer Widerspruch?

Nun, es ist ein Widerspruch, jedoch einer, mit dem die meisten vertraut sind, wenn sie darüber nachdenken. Eigentlich gibt es keine bessere Beschreibung für uns Menschen als »schön und unglücklich«. Wir sind im Ebenbild des allmächtigen Gottes geschaffen worden und darum weisen wir enorme Schönheit auf. Wir lieben, wir erschaffen, wir sorgen uns. Aber wir sind auch zu enorm Bösem fähig. Bei all dem Wunderbaren, das wir Menschen tun, gibt es etwas in uns, was uns zurückhält, ein Unglück, das uns davon abhält, all das zu sein, wozu wir geschaffen wurden. Wir nennen dieses Unglück »Sünde«, und es ist verantwortlich für all das Leid und die Schmerzen, die wir jeden Tag sehen.

Nain – schön und unglücklich – war ungefähr vierzig Kilometer von Kapernaum entfernt. Als Jesus und seine Anhängerschaft unterwegs nach Nain waren, befanden sie sich auf ihrem Höhepunkt. Überall heilte Jesus Menschen. Er hatte gerade den Diener des Hauptmanns in Kapernaum geheilt und davor hatte er eine ganz tolle Predigt gehalten, die Bergpredigt. Sein Ruhm wuchs. Seine Nachfolger wussten, dass sie bei etwas Besonderem dabei waren. Ihre Begeisterung war spürbar. Die Menschen dankten Gott für die Segnungen, die er durch Jesus ausschüttete. Sie waren voller Freude, lachten wahrscheinlich, während sie sich die erstaunlichen Dinge erzählten, die Jesus tat.

»Hast du den Mann mit der verdorrten Hand gesehen? Ganz rissig und wund. Krass! Die hat er wohl schon seit Jahren nicht mehr benutzt. Und Jesus sagte nur: ›Streck deine Hand aus‹, und er tat es und wurde geheilt!«

»Ich weiß! Und was ist mit dem Typ, der Aussatz hatte, dem die Haut vom Gesicht fiel? Jesus berührte diesen Typen sogar. Ich konnte es nicht glauben. Und er sagte: ›Sei rein‹, und augenblicklich war der Aussatz weg! Es war irre!«

»Und was ist mit dem Mann auf der Liege, weißt du noch, der Gelähmte, den seine Freunde durch das abgedeckte Dach an Seilen hinunterließen? Das war ja vielleicht verrückt! Die Gebäudeversicherung kommt sicher nicht für den Schaden auf.«

Als die Menge um Jesus in die Nähe des Stadttors gelangt, verlässt eine andere Gruppe Nain gerade. Diese unterscheidet sich von der jubelnden, feiernden Menge um Jesus herum. Sie ist ernst und still. Mit gesenktem Blick bewegt sich die Gruppe langsam vorwärts. Menschen weinen. Es ist eine Begräbnisprozession.

Ist es nicht typisch für die Bibel, uns diese Gegensätzlichkeit zu zeigen, diese beiden Gruppen nebeneinanderzustellen, die eine, die Gottes Heilungskraft feiert, und die andere, die den Tod eines Angehörigen betrauert? Direkt vor Nain, dem schönen und unglücklichen Ort, sehen wir, wie eine schöne Gruppe in die Stadt hineingeht und eine unglückliche die Stadt verlässt.

So kann das Leben sein. Wenn die einen auf der Gewinnerseite sind, sind die anderen auf der Verliererseite. Einer deiner Freunde heiratet, ein anderer wird gerade geschieden. Ein Baby kommt zur Welt. Ein Angehöriger stirbt. Das ist die Szene, die sich vor den Toren von Nain abspielt, als Jesus und seine Nachfolger ankommen.

Ein junger Mann war gestorben und ein paar Menschen aus der Stadt, darunter seine Mutter, tragen seinen Leichnam aus der Stadt hinaus, um ihn zu begraben. Die Mutter weint, und das zu Recht. Sie hat nicht nur ihren geliebten Sohn verloren, sie ist noch dazu Witwe. Sie hat ihren Partner, ihre Liebe, ihren Beschützer und Versorger verloren. Wenn eine Frau in dieser Kultur ihren Mann verlor, war das für sie ein massiver Schlag. Abgesehen von der emotionalen Qual, den Ehepartner zu verlieren, war auch ihr

Ernährer nicht mehr da. Trotzdem hatte sie noch Hoffnung, weil ihr Sohn für sie sorgen würde. Er würde sich um sie kümmern. Er würde vielleicht nicht die emotionalen Bedürfnisse befriedigen, wie ihr Ehemann das getan hatte, aber sie müsste nicht auf der Straße leben. Ihr Sohn war ihre Zukunft, ihr Vermächtnis, ihre Lebensversicherung. Alles Glück, was ihr noch blieb, hing von ihm ab. Inmitten der Finsternis, nach dem Tod ihres Ehemanns, flackerte ein schwaches Licht in Form ihres Sohnes auf. Und jetzt war er tot. Ihre Zukunft, ihr Plan – tot.

Ein unsanftes Erwachen

Als ich im Abschlussjahr auf dem College war, reiste ich von Tennessee nach Kalifornien, um ein paar Freunde zu besuchen. Wenige Tage nach meiner Ankunft klingelte das Telefon. Es war meine Mutter und sie klang besorgt. Sie sagte mir, dass sie auf dem Weg nach Sacramento sei, wo ihr Bruder gerade ins Krankenhaus eingeliefert worden war. Sie sagte, es sei ernst, vielleicht Krebs, und sie bat mich, dorthin zu kommen. Ich nahm den nächsten Flug von Los Angeles. Ich ließ gute Freunde und eine tolle Zeit hinter mir und machte mich auf den Weg zu meinem Onkel, der mit wer weiß was im Krankenhaus lag. Der Flug kam mir unwirklich vor. Mein Onkel war einer der einflussreichsten Menschen, die ich kannte. Er hatte eine elektrisierende Persönlichkeit. Er war körperlich stark und fit. Er hatte eine tolle Familie und ein millionenschweres Unternehmen. Er hatte alles, was er je gewollt hatte. In meinen Augen war nichts stärker als er. Und jetzt saß ich im Flieger und fragte mich, ob er Krebs hatte.

Als ich in Sacramento ankam, holte meine Tante mich ab und fuhr mich direkt ins Krankenhaus. Mein Onkel war ein paar Tage zuvor eingeliefert worden, aber sein Zustand hatte sich seit diesem Zeitpunkt dramatisch verschlechtert. Die nächsten paar Tage lagen wie unter einem Schleier. Der Arzt bestätigte, dass mein Onkel Lungenkrebs im vierten Stadium hatte. Der starke, einflussreiche Mann, den ich kannte und liebte, siechte dahin. Ich weiß noch, wie der Arzt die gesamte Familie im Wartezimmer zusammenrief und sagte: »Wir sprechen jetzt nicht mehr davon, wie viel Zeit ihm noch bleibt, sondern vielmehr davon, wie gut er diese Zeit verleben wird.« Mein Onkel würde es nicht schaffen. Das Einzige, was die Ärzte und wir tun konnten, war ihm zu helfen, in Frieden zu sterben. Bis dahin, trotz allem, was ich gesehen hatte, glaubte ich immer noch, dass mein Onkel es schaffen würde. Er war doch eigentlich so stark, so voller Leben. Sicher hatte er noch etwas länger Zeit. Aber als der Arzt sprach, stand mir die Situation real vor Augen.

In dieser Nacht blieb ich bei meinem Onkel im Krankenzimmer. Wir waren die ganze Nacht wach. Er musste knapp vier Liter einer ekelhaften Flüssigkeit für einen Test am nächsten Morgen trinken. Ungefähr stündlich half ich ihm, zur Toilette zu gehen. Für einen Zwanzigjährigen, der Krebs noch nie mit eigenen Augen zu Gesicht bekommen hatte, war das ein unsanftes Erwachen.

Zwischen dem Schlucken der medizinischen Lösung und den Wegen zur Toilette unterhielten mein Onkel und ich uns miteinander. Wir sprachen über die Familie, über das Leben, über all die wichtigen Dinge, über die ein Mensch auf seinem Sterbebett nachdenkt. Schlimme Situationen treiben Menschen irgendwie dazu, echt miteinander zu werden. Vermutlich spielt es wirklich keine Rolle mehr, noch eine Maske zu tragen, wenn man seine Gesundheit und einen Teil seiner Würde verliert. Ich blieb noch zwei Tage und machte mich dann auf den Weg zurück nach Hause. Mein Onkel starb ungefähr einen Monat später. Ich vermisse ihn immer noch.

Das Leben ist zerbrechlich. Menschen sind sterblich. Ganz egal, wer du bist. Ganz egal, wie gut du auf dich achtgibst. Ein Anruf vom Arzt kann alles verändern.

Das Problem

Sieh mal, unsere Beziehungen können zu den wunderbarsten Dingen der Welt gehören. Freundschaft ist schön. Sie ist wichtig. Unsere Freunde feiern unsere größten Erfolge mit uns, sie ermutigen uns bei unseren größten Herausforderungen. Romantische Liebe ist etwas Erstaunliches. Sie ist eines der Dinge, die das Leben lebenswert machen. Die Liebe zwischen Eltern und Kindern ist gewaltig und inspirierend. Diese Dinge sind absolut notwendig. Sie wurden von Gott zu unserem Besten und zu seiner Ehre erschaffen.

Doch manchmal verehren wir die Schöpfung mehr als den Schöpfer. Es ist möglich, jemanden so zu lieben, dass es Sünde wird. Du kannst einen Menschen so sehr wertschätzen, dass die Art und Weise, wie du diesen Menschen behandelst, nicht Liebe ist, sondern Götzendienst. Wenn deine Liebe für einen Menschen in Verehrung umschlägt, dann hast du den falschen Weg eingeschlagen. Du gibst diesem Menschen die Ehre, die eigentlich Gott gebührt.

Einen anderen Menschen zu verehren ist ihm gegenüber unfair und für dich gefährlich. Es ist unfair, weil Menschen nicht verehrt werden sollten. Wir sind Anbeter und keine Angebeteten. Und wenn wir die Anbetung annehmen, entstehen alle möglichen schlimmen geistlichen Folgen. Wir werden stolz. Wir verlieren die

Fähigkeit, auf andere zu hören und Korrektur anzunehmen. Wir werden arrogant, stur, dumm und am Ende fallen wir.

Einen Menschen zu verehren ist gefährlich, weil Menschen nicht vollkommen sind. Selbst ohne den zusätzlichen Druck und die Versuchung, verehrt zu werden, machen Menschen ständig Fehler. Doch wenn wir jemandem die zusätzliche Bürde auferlegen, Träger unserer Hoffnungen und Träume zu sein, ist die Enttäuschung vorprogrammiert. Kein Mensch kann diese Last tragen. Dafür sind wir nicht geschaffen.

Jetzt pass gut auf. Es ist eine Sache, jemanden zu unterstützen, zu ermutigen und an ihn zu glauben. Das ist gut und entspricht Gottes Wesen. Aber es ist eine andere Sache, deine *Hoffnung* in jemanden zu setzen. In Gott liegt unsere Hoffnung, nicht in Menschen. Menschen werden uns enttäuschen, ablehnen oder hintergehen. Und wenn sie das tun, kann das verheerende Folgen haben – emotional, auf Beziehungsebene, geistlich. Menschen sind erstaunliche Wesen, aber sie geben schreckliche Götter ab.

C. S. Lewis erzählt in seinem Buch *Die große Scheidung* eine herzzerreißende Geschichte über eine Mutter, die ihren Sohn verehrte. Sie war völlig in ihn vernarrt. Sie sorgte für ihn, liebte ihn, kümmerte sich um ihn. Ihr ganzes Leben drehte sich um ihn. In ihren Augen (und in den Augen vieler anderer) war ihre Liebe für ihren Sohn angemessen. Sie war schließlich seine Mutter, und sollten Mütter ihre Kinder nicht an erste Stelle setzen? Sie erkannte nicht, dass – auch wenn die Selbstaufopferung einer Mutter für ihr Kind richtig und gut ist – es eine Sünde ist, dieses Kind ganz oben auf die Liste ihrer Prioritäten zu setzen. Sie glaubte, dass es das Wichtigste auf der Welt sei, ihren Sohn zu lieben, und erkannte nicht, dass die Liebe für ihren Sohn sie davon abhielt, das Beste auf der Welt kennenzulernen: Gott.

In der Geschichte begegnet die Frau ihrem Bruder Reginald, direkt vor dem Himmel. Reginald ist darum bemüht, dafür zu sorgen, dass die Frau es in den Himmel schafft, aber die Frau interessiert sich überhaupt nicht für den Himmel. Sie macht sich viel mehr Sorgen darüber, wann und wo sie ihren Sohn wiedersehen wird:

»Wenn Er mich liebte, würde Er mich meinen Jungen sehen lassen. Wenn er mich liebt, warum nahm Er Michael von mir? Ich hatte nichts darüber sagen wollen. Aber weißt du, es ist recht schwer, das zu verzeihen«
»Aber Er musste Michael von dir nehmen. Zum Teil um Michaels willen ...«
»Ich bin gewiss, dass ich mein Bestes tat, um Michael glücklich zu machen. Ich habe mein ganzes Leben hingegeben ...«
»Menschliche Wesen können einander nicht wirklich auf die Dauer glücklich machen. Und zweitens: um deinetwillen. Er wollte deine bloß instinktive Liebe für dein Kind (bedenke, selbst Tigerweibchen besitzen sie) in etwas Besseres umwandeln. Du kannst ein Mitgeschöpf nicht wahrhaft lieben, solange du nicht Gott liebst. Manchmal kann diese Umwandlung vollbracht werden, während die instinktive Liebe noch Befriedigung findet. Aber es scheint, dass in deinem Fall keine Möglichkeit dafür bestand. Der Instinkt war unbeherrscht und wild und monomanisch. (Frage deine Tochter oder deinen Mann. Frag deine eigene Mutter. An **sie** hast du nicht einziges Mal gedacht.) Das einzige Heilmittel war, den Gegenstand fortzunehmen. Es war ein Fall von Chirurgie. Wenn die erste Art von Liebe um ihre Befriedigung gebracht war, dann blieb gerade noch die

Möglichkeit, dass in der Einsamkeit, im Schweigen etwas anderes auswachsen könnte.«
*»All das ist Unsinn – grausamer und niederträchtiger Unsinn. Was für ein **Recht** hast du, so etwas über Mutterliebe zu sagen? Es ist das höchste und heiligste Gefühl in der menschlichen Natur.«*
»Pam, Pam – keine natürlichen Gefühle sind in sich selbst hoch oder niedrig, heilig oder unheilig. Sie sind alle heilig, wenn Gottes Hand den Zügel hält. Sie alle werden schlecht, wenn sie ihren eigenen Hausstand gründen und sich zu falschen Göttern machen.«[1]

Es ist so verlockend, der Lüge zu glauben, dass ein anderer Mensch uns vervollständigen kann. Unmengen von Filmen, Liedern und Werbespots rufen uns jeden Tag diese Lüge zu. Es wäre praktisch, wenn das Leben wie die Szene in *Jerry Maguire – Spiel des Lebens* wäre, wo Tom Cruise ins Haus gestürmt kommt, Renée Zellweger anblickt und den berühmten Satz sagt: »Du vervollständigst mich!« Und dann würden wir bis ans Ende unserer Tage glücklich miteinander leben (zumindest so lange, bis Tom auf Oprahs Sofa herumspringt und vor laufender Kamera Unsinn verzapft – das war irgendwie peinlich).

Es gibt Menschen, die Liebe und Ehe so behandeln. Sie halten Märchen für wahr. Wenn sie doch nur ihren Traumprinzen oder ihre Traumprinzessin fänden, dann würde sich schon alles andere ergeben und sie würden bis ans Ende ihrer Tage glücklich miteinander leben.

Märchen sind toll, keine Frage. Aber es gibt einen Grund, warum sie so fesselnd sind. Sie sind erfunden. Im wahren Leben

---

1 C. S. Lewis, *Die große Scheidung*, Freiburg: Johannes Verlag Einsiedeln, 2013, S. 98–100.

gibt es kein automatisches »Glücklich bis ans Ende ihrer Tage«. Tolle Beziehungen und »Märchen«-Ehen sind möglich, aber sie erfordern harte Arbeit. Sie erfordern Opfer, Demut und viel, viel Gnade.

Ein anderer Mensch wird dich jedoch nicht »vervollständigen«. Du bist schon ein vollständiger Mensch, doch Gott hat dich mit dem Bedürfnis nach Beziehungen geschaffen. Du weißt ja aus 1. Mose 2,18: »Es ist nicht gut, dass der Mensch allein sei«. Gott wusste, dass wir Beziehungen mit anderen Menschen und eine Beziehung mit ihm brauchen. Aber die anderen Menschen – Familie, Freunde, Ehepartner – vervollständigen dich nicht. Sie ergänzen dich. Und in deinen Beziehungen spiegelt deine Liebe für andere die Liebe wider, die Gott für seinen Sohn Jesus hat. So sollten menschliche Beziehungen sein: gegenseitige Liebe zwischen zwei Menschen, die die Liebe zwischen Gott, dem Vater, und seinem Sohn Jesus widerspiegeln.

Wenn wir jemanden verehren, anstatt ihn oder sie so zu lieben, wie es Gottes Absicht war, werden wir enttäuscht, betrogen, verletzt werden. Wenn wir es zulassen, dass unsere Hoffnung auf einem anderen Menschen ruht, sind wir am Ende beziehungsmäßig und emotional bankrott.

Zu spät

Vielleicht hast du diesen Weg schon eingeschlagen. Vielleicht hast du deine Hoffnung in jemanden gesetzt, vielleicht deinen Freund, deine Freundin, deinen Ehepartner, deinen Bruder, deine Schwester, deinen Vater, deine Mutter, deinen Lehrer, deinen Trainer oder sogar deinen Pastor. Egal in wen, dieser Mensch hat dich vielleicht gewaltig enttäuscht. Deine Pläne haben nicht so funktioniert, wie du es dir erhofft hattest. Vielleicht noch schlimmer. Deine Zukunft, die für dich realer war als deine Gegenwart, wurde erschüttert und weggerissen. Das hat dich niedergeschmettert und tief verletzt. Du warst traurig, bist zornig geworden oder hast geflucht. Vielleicht warst du so aufgebracht, dass du an *Thanksgiving* noch nicht einmal ein Stückchen Kuchen gegessen hast! Äußerlich hast du dich zusammengerissen, aber innerlich war es eine Qual. Und vielleicht hast du an diesem Punkt stagniert, auf dass du dich bloß nicht noch einmal verbrennst. Äußerlich hast du dich zusammengerissen, aber in dir erlebtest du unfassbare Qualen. Dein Herz verhärtete sich. Du wurdest anderen gegenüber kühl. Besser niemandem vertrauen, dachtest du, als vertrauen und wieder enttäuscht zu werden.

Wenn du nicht aufpasst, befindest du dich für den Rest deines Lebens im Nain des Unglücks. Du kannst alle anderen zum Narren halten, indem du sie glauben lässt, es ginge dir gut, aber du weißt, dass das nicht stimmt. Du weißt, dass die Dinge zwar nach außen gut aussehen, aber dass dein Herz ein einziges Durcheinander ist. Deine Tränen verschleiern deinen Blick. Du kannst nicht über deinen Schmerz hinausblicken. Wenn das auf dich oder jemanden, den du kennst, zutrifft, dann will ich dich wissen lassen: Du musst nicht im Nain des Unglücks bleiben.

Nain hinter sich lassen

Viele von uns leben mit Schmerzen, für die wir nicht geschaffen wurden. Der Sinn körperlicher Schmerzen besteht darin, uns zu warnen, dass etwas nicht stimmt und uns zu informieren, dass wir uns so schnell wie möglich in Sicherheit begeben sollten. Wenn du deine Hand auf eine heiße Herdplatte legst, signalisiert dir der

Schmerz: »Hände weg!«, bevor es noch schlimmer wird. Wenn du schlimme Kopfschmerzen hast, die nicht weggehen, ist das ein Signal, zum Arzt zu gehen. Ob du wirklich gehst oder nicht, ist deine Sache, aber der Schmerz hat seine Aufgabe erfüllt. Er hat dich informiert, dass etwas nicht stimmt.

Emotionaler Schmerz ist genauso real und manchmal noch schlimmer als körperlicher Schmerz. Er ist ein Signal dafür, dass etwas schiefgelaufen ist, normalerweise in einer Beziehung – mit Vater, Mutter, einem engen Freund oder einer anderen wichtigen Bezugsperson. Wenn du emotionalen Schmerz erlebst, hast du die Wahl. Du kannst den Grund dafür angehen oder einfach damit leben. Leider entscheiden sich viele von uns dafür, mit emotionalem Schmerz zu leben. Wir spüren, wie die heiße Herdplatte unsere Hand verbrennt, aber wir ziehen sie nicht weg. Und der Schmerz wird immer schlimmer und die Last, damit zu leben, wird immer schwerer. Es dauert nicht lange und du schleppst diese Bürde überall hin. Sie beeinflusst deine Einstellung. Sie erschwert andere Beziehungen, was zu noch mehr Schmerz führt, was wiederum zu noch mehr Last führt und so geht der Kreislauf weiter. Vielleicht ist es an der Zeit, Nain hinter dir zu lassen.

Eine vernachlässigte Wunde entzündet sich

Als ich noch klein war und meine Eltern einmal wegfuhren, blieben mein Bruder und ich bei einem Freund. Wir beschlossen, etwas zu spielen, was wir »Fahrradfangen« nannten. Fahrradfangen ist ähnlich wie normales Fangen, außer dass, wie du sicher errätst, alle auf einem Fahrrad sitzen. Da waren wir also, ein Haufen neunjähriger Jungs, die auf der Straße in vollem Tempo mit ihren Fahrrädern aufeinander losfuhren, um denjenigen zu erwischen und zu fangen, der sich in der Nähe befand. Was könnte da wohl schiefgehen?

Ein Freund und ich befanden uns hinter einem parkenden Auto und versteckten uns vor meinem Bruder. Er war dran. Es dauerte nicht lange, bis er uns fand, und mein Freund geriet in Panik. Wir standen mit unseren Fahrrädern nebeneinander und als er seinem Fahrradständer einen flinken Fersentritt verpasste, schnitt sich dieser Metallständer tief in mein Bein. Das Blut aus der Wunde verteilte sich schnell überall. Freunde bugsierten mich nach drinnen, wo irgendeine Mutter den Schnitt so gut sie konnte auswusch. Es hörte schließlich auf zu bluten, aber der Schnitt war lang und tief und hätte genäht werden müssen. Aber halb so schlimm. Ich machte einen Verband drum und ging wieder nach draußen. Drei Tage später entzündete sich der Schnitt. Er nässte, eiterte – das volle Programm.

Einer der schlimmsten Fehler, die wir machen können, ist, emotionalen Schmerz zu ignorieren, so wie ich meinen Schnitt vom Fahrradständer ignorierte. Genauso, wie man seine Hand nicht auf der heißen Herdplatte liegenlassen sollte, solltest du dich um die Ursache deines emotionalen Schmerzes kümmern. Wenn du ihn ignorierst, wird der Schmerz nicht weggehen. Er wird nur immer schlimmer werden.

Vielleicht kannst du dich eine Weile ablenken – Menschen versuchen das die ganze Zeit. Unsere Welt ist bereit, dir alle möglichen Ablenkungen zu verkaufen – Alkohol, Drogen, Unterhaltung, Sex. Aber sie behandeln nur die Symptome, nicht die Ursache. Alkohol kann deinen Schmerz eine Zeit lang betäuben. Ein lustiger Film, ein gutes Lied oder ein Baseballspiel können dich deinen Schmerz eine Weile vergessen lassen. Aber nur eine Weile. Wenn die Ablenkungen aufhören, wenn die Wirkung der Drogen nachlässt, wenn es nur noch dich und die Realität gibt, ist der

Schmerz immer noch da. Es gibt einen Grund, warum er immer noch da ist. Du hast dich nicht mit seiner Ursache befasst.

Die Art und Weise, wie du dich mit deinem emotionalen Schmerz befasst, hängt von deinen Umständen ab, aber meiner Meinung nach gibt es zumindest eine Sache, die in jedem Fall hilft: mit jemandem sprechen. Auch wenn es simpel klingt und seltsam zu sein scheint: Jemand anderem von dem Schmerz zu erzählen, ist eine der besten Möglichkeiten, dich damit auseinanderzusetzen. Wenn du emotionalen Schmerz erlebst, dann trag diese Last nicht allein. Lass dir von Menschen helfen, die dich lieben. Wenn du es nicht tust, wird es schlimmer werden.

Verletzt weiterspielen

Verletzt ist nicht gleich tot. Aber manchmal ist der Schmerz so heftig, dass uns alles egal ist. Die Witwe in der Geschichte aus Nain war nicht tot, aber sie fühlte sich wahrscheinlich so. Manchmal sind wir so tief verletzt, schmerzt die Wunde so sehr, dass es sich anfühlt, als würden wir dem Schmerz nie entkommen. Es fühlt sich an, als würden wir uns nie wieder freuen oder lachen. Es fühlt sich an, als wäre unser bisheriges Leben vorbei. Ich weiß, wovon ich rede. Aber genau deshalb kann ich dir versichern: Das Leben ist nicht vorbei.

Während meiner kurzen Footballkarriere zog ich mir eine ziemlich schlimme Verletzung am Daumen zu. Bei einem Angriff verhakte sich meine Hand im Helm eines anderen Spielers. Der Helm bewegte sich in die eine Richtung, ich in die andere, und mein Daumen folgte dem Helm. Der Daumen trennte sich zwar nicht komplett von meiner Hand, aber, Mannomann, es fühlte sich so an. Ich griff den Finger, renkte ihn wieder ein und rannte direkt an den Rand des Spielfelds, weil ich sicher war, ich könnte nicht mehr weiterspielen. Meine ganze Hand pochte. Ich zeigte sie meinem Coach und sagte ihm, ich könne nicht weiterspielen. Er nahm mein Handgelenk, inspizierte den Schaden und anstatt mich zum Trainer zu schicken, klatschte er auf meine Hand und schrie: »Zurück aufs Spielfeld, Wilkerson!« Meiner Meinung nach war es unmöglich weiterzuspielen, aber ich marschierte zurück aufs Feld und begab mich in Position. In der nächsten Runde fing ich einen langen Pass ab. Das war das Highlight meiner kurzen, aber glänzenden Footballkarriere. Wäre ich nicht auf dem Platz geblieben, hätte ich mein einziges Highlight verpasst.

Vielleicht denken wir, die Verletzung hielte uns zurück, aber die Verletzung ist es nicht, was uns zurückhält. Es ist vielmehr der *Glaube*, dass die Verletzung uns zurückhält. Um den ersten Schritt aus Nain heraus zu machen, müssen wir oft erst einmal die Zähne zusammenbeißen und vorwärtsgehen. Wir müssen uns zurück aufs Feld des Lebens bewegen und uns bereitmachen für die nächste Runde. Vielleicht fühlst du dich nicht danach, vorwärtszugehen, aber manchmal musst du genau das tun.

Sag dir selbst, dass du nicht in Nain bleiben musst. Sag es laut. Sag es, bis du anfängst, es zu glauben. Du wirst staunen, wohin du gehen kannst, wenn du glaubst, dass du dorthin gelangen kannst.

Die Zeit hilft, aber Jesus heilt

Wenn es dir ernst ist, aus Nain herauszukommen, kenne ich jemanden, der dir helfen kann. Im Grunde genommen ist er der Einzige, der den Weg kennt. Er *ist* sogar der Weg. Du kannst die richtigen Schritte gehen. Du kannst den richtigen Rat befolgen, aber um den ultimativen Frieden und die Freude zu finden, nach denen du suchst, brauchst du Jesus. Freunde helfen. Glaube hilft. Zeit hilft. Aber Jesus heilt.

In der Bibel steht, dass Gott denen nahe ist, die zerbrochenen Herzens sind, und denen hilft, die zerschlagenen Geistes sind. Er ist Experte darin, zerbrochene Menschenleben zu reparieren. Gebrochenheit ist sogar eine Voraussetzung, um Gott kennenzulernen. Schließlich ist es schwer, etwas zu reparieren, was gar nicht zerbrochen ist, oder?

Eines, was ich an Jesus so mag, ist einfach, dass er uns versteht. Sein eigenes Herz war gebrochen. Er wurde von einem seiner Jünger verraten, von fast allen Menschen abgelehnt, zu deren Rettung er kam, und genau wie wir von Versuchungen jeder Art geplagt. In Hebräer 4,15 (SLT) steht: »Denn wir haben nicht einen Hohenpriester, der kein Mitleid haben könnte mit unseren Schwachheiten, sondern einen, der in allem versucht worden ist in ähnlicher Weise [wie wir], doch ohne Sünde.«

Jesus wurde versucht. Er weiß, wie das ist. Er kennt deinen Schmerz, und das nicht nur auf intellektueller Ebene. Er weiß nicht nur über deinen Schmerz Bescheid. Er *kennt* deinen Schmerz. Er hat ihn selbst erlebt. Er weiß genau, wie du dich fühlst, und am Kreuz hat er seine Arme ausgebreitet, um dir zu zeigen, wie sehr er dich liebt. Jesus liebt dich mit all deinen Wunden, in all deinem Schmerz. Er will dir helfen, aus Nain herauszukommen. Er will, dass du dieses Unglück – die Sünde – loswirst, die dich zurückhält. Er will dich aus Nain herausholen und dich an Orte bringen, die du dir nie erträumt hättest.

Die Witwe

Für die Witwe war Nain ein schrecklicher Ort. Die zwei wichtigsten Menschen in ihrem Leben, ihr Ehemann und ihr Sohn, waren tot. Ihre Träume waren zerschmettert. Selbst ihr Plan B war ruiniert. Da ihr Sohn tot war, war auch sie so gut wie tot. Alles, was ihr lieb und teuer gewesen war, war verschwunden. Sie war scheinbar ohne Hoffnung, bankrott.

Aber was die Witwe nicht wusste, war, dass ihr einziger Sohn gleich Gottes einzigem Sohn begegnen würde. Der eine war am Leben und sollte sterben. Der andere war tot, aber sollte leben. Was als Nächstes geschah, gehört zu den erstaunlichsten Dingen in der Bibel.

KAPITEL 5

WEINE NICHT

Als der Herr sie sah, empfand er großes Mitleid mit ihr. »Weine nicht!«, sagte er. Und er ging hinüber zur Bahre und berührte sie. Die Träger blieben stehen. »Ich sage dir«, sprach Jesus, »steh auf!« Da setzte sich der Verstorbene auf und fing an zu sprechen! So gab Jesus ihn seiner Mutter zurück.

Lukas 7,13–15

Perfekt arrangiert

Als die Witwe und die Trauergemeinde die Stadt verlassen, kommt Jesus gerade an. Jesu Timing ist wichtig und wird oft übersehen. Er taucht genau im richtigen Moment auf. Ist das ein Zufall? Ich glaube nicht. Wie groß ist wohl die Wahrscheinlichkeit, dass Jesus genau zu dem Zeitpunkt auftaucht, als der Tote auf der Bahre getragen wird. Fünfzehn Minuten früher oder fünfzehn Minuten später – und Jesus hätte sie verpasst. Aber er tauchte genau zu der Zeit auf, um den Weg der Witwe zu kreuzen. Er arrangierte die Umstände auf perfekte Weise, um genau zum richtigen Zeitpunkt ein großes Werk im Leben der Witwe tun.

Ich werde dir etwas über Jesus erzählen. Er ist nie zu spät. Er ist immer rechtzeitig da. Jesus taucht genau dann auf, wenn wir ihn brauchen. Ich weiß, das ist schwer zu glauben. Wir leben in einer Welt, die uns verspricht, »rechtzeitig« da zu sein, uns aber oft enttäuscht. Und wie meistens lassen wir zu, dass diese Erfahrung unser Verständnis von Gott beeinträchtigt.

Ich fliege viel. Ich reise gerne, aber ich bin kein großer Fan vom Fliegen. Gut, das Fliegen an sich ist in Ordnung. Nur der Teil davor und der Teil danach nerven mich. Was mich am meisten frustriert ist, dass die Fluggesellschaften einen Flug nicht einfach direkt absagen. Stattdessen spielen sie mit den Fluggästen. Sie warten bis ungefähr fünf Minuten vor der planmäßigen Abflugzeit und sagen dann: »Sehr geehrte Damen und Herren, wir bitten Sie um Ihre Aufmerksamkeit: Flug 57 verspätet sich um dreißig Minuten« (um dir einfach Hoffnung zu machen). Dann machen sie das noch drei bis vier Mal, bis sie den Flug am Ende ganz absagen.

Mein Flug hatte schon einmal eineinhalb Stunden Verspätung, aber wie durch ein Wunder erreichten wir unseren Zielort rechtzeitig! Als ich das Flugzeug verließ, fragte ich eine Flugbegleiterin, wie wir es doch noch rechtzeitig geschafft hätten. »Der Pilot ist einfach schneller geflogen«, sagte sie. Warte mal. Was? Flugzeuge können auch schneller fliegen? Wenn sie also verspätet abfliegen, warum fliegen sie dann nicht einfach immer schneller, um rechtzeitig da zu sein? Gibt es dort oben über den Wolken irgendwo eine Geschwindigkeitsbegrenzung, die ich nicht kenne? Genau aus diesen Gründen gehen Menschen bei Fluggesellschaften immer vom Schlimmsten aus. Wenn ihr Flug sich verspätet, vermuten sie, dass er abgesagt wird. Wenn ihre Koffer nicht als erste auf dem Gepäckband erscheinen, sind sie wahrscheinlich für immer verschwunden. Oder wenn es in der Luft Turbulenzen gibt, stürzt das Flugzeug sicher ab.

Manche von uns glauben, dass Jesus wie eine Fluggesellschaft ist: Er verspricht etwas, hält es dann aber nicht.

Am Anfang des Buches habe ich erwähnt, dass unsere Familie von Tacoma nach Miami gezogen ist, als ich vierzehn war, und dass es zwischen den zwei Städten nicht nur viele kulturelle Unterschiede gab, sondern auch große Unterschiede beim Wetter (in Miami kann es gleichzeitig regnen und sonnig sein) und beim Essen (vor Miami wusste ich nicht, dass es die Kombination aus Bohnen und Reis überhaupt gibt). Und oh Mann, waren die Menschen in Miami anders.

Nehmen wir zum Beispiel die erste Hochzeit, die ich dort besuchte. Es waren ein Mann aus Haiti und eine Frau aus Puerto Rico. In der Einladung stand, die Hochzeit würde an einem bestimmten Samstag um 16 Uhr stattfinden. In Tacoma bedeutete das, (spätestens) um 15.45 Uhr ankommen, weil die Hochzeit um Punkt vier beginnen würde. Bei der haitisch-puerto-ricanischen Hochzeit lernte ich die Bedeutung des Wörtchens »gegen« kennen. »Die Hochzeit wird am Samstag um (gegen) 16 Uhr stattfinden.«

Wie es für mich normal war, erschien ich also fünfzehn Minuten früher, und freute mich auf eine schöne Hochzeit, eine kurze Feier und darauf, rechtzeitig für die Primetime-Sendungen auf Nickelodeon wieder zu Hause zu sein. Ich suchte mir einen Platz, setzte mich hin und wartete. Vier Uhr kam und ging. Das machte mich unruhig. Ich war noch nie auf einer Hochzeit gewesen, die nicht pünktlich begann. Ich nahm an, dass irgendetwas schieflief. Eine Stunde verging und ich fragte meine Mama: »Vermutlich gibt es heute keine Hochzeit, oder?« Der Mann neben mir sagte: »Halte durch. Alles in Ordnung. Geh nicht zu früh.« Wir warteten noch ein wenig länger. Zwei Stunden später begann die Hochzeit. Und ich sage dir, das Warten hat sich gelohnt. Als die Dinge erst einmal ihren Lauf nahmen, war es ausgeschlossen, dass ich für irgendeine Fernsehsendung pünktlich zu Hause sein würde. Die Hochzeit war wunderschön und die Feier danach nahm kein Ende. Ich kam erst nach Hause, kurz bevor am nächsten Morgen die Sonne aufging.

Wenn es ums Timing geht, ist Jesus manchmal wie diese Hochzeit. Er erscheint vielleicht später, als du erwartest, aber er wird auftauchen, und wenn er erst einmal da ist, wird es dir besser gehen, als du dir es je hättest vorstellen können. Du musst vielleicht warten, aber du wirst nicht abgelehnt. Du wirst nicht zunichtegemacht. Du wirst nicht untergehen.

Das Richtige zur falschen Zeit

Wir Menschen sind ungeduldig. Das ist ein Symptom unserer natürlichen Neigung zur Sünde. Meistens geht es nur um »mich«, wenn wir also etwas wollen, dann wollen wir es sofort. Aus diesem Grund starren einige von uns Löcher in die Mikrowelle, während das Popcorn aufplatzt. Darum sind wir frustriert, wenn etwas, das wir online bestellt haben, länger als zwei Tage Lieferzeit in Anspruch nimmt. Wenn wir etwas wollen, denken wir, die richtige Zeit sei genau jetzt. Aber »genau jetzt« ist nicht immer die richtige Zeit. Wenn wir das Richtige zur falschen Zeit bekommen, kann das sogar Probleme verursachen, die wir nie erwartet hätten.

Hast du zum Beispiel schon mal eine dieser Dokumentationen über Leute gesehen, die im Lotto gewonnen haben? Heiliger Strohsack! In den meisten Geschichten geht es den Leuten am Ende wesentlich schlechter als vor ihrem Gewinn. Anfangs sind sie natürlich begeistert. Sie haben genau das bekommen, was sie wollten und wann sie es wollten. Und dann fangen sie an, sich all das zu kaufen, was ihr Herz begehrt. Sie müssen nicht dafür arbeiten. Sie müssen es sich nicht verdienen. Sie können sofort alles haben, was sie wollen. Man müsste denken, sie seien so was von glücklich. Aber oft zerstört das Geld die Dinge, die für sie am wertvollsten waren. Ihre Angehörigen werden neidisch. Ihre Kinder werden gierig. Sie können ihre echten Freunde nicht mehr von den Menschen unterscheiden, die nur etwas von ihnen haben wollen. Per Zufall sind sie zu einem Reich gekommen, das sie jetzt verwalten müssen, aber ihnen fehlen die Werkzeuge, um das zu tun. Es dauert nicht lange und die Dinge stürzen in sich zusammen. Die Kinder verlassen das Haus. Die Ehe endet. Freundschaften gehen verloren. Und der Lottogewinner wendet sich vielleicht dem Alkohol oder Drogen zu, um den Schmerz zu betäuben. Das ist tragisch. Es ist nicht so, dass das Geld an sich schlecht wäre. Es ist vielmehr so, dass die Leute etwas Gutes zur falschen Zeit erhalten haben.

Manche der Dinge, die wir uns wünschen, sind nicht falsch, aber »genau jetzt« ist nicht die richtige Zeit. Timing ist alles und unsere Aufgabe besteht darin, zu lernen, Gottes Timing zu vertrauen, selbst wenn es uns lieber wäre, unser Wunsch würde genau jetzt erfüllt. Sein Timing ist immer besser als unseres.

Es gefällt mir, wie Paulus in Römer 5,6 (HFA) sagt: »Schon damals, als wir noch hilflos der Sünde ausgeliefert waren, ist Christus zur rechten Zeit für uns gottlose Menschen gestorben.«

Als wir noch »hilflos« waren, gab Jesus sein Leben für uns. So sehr liebte er uns. Wir waren unfähig, irgendetwas für ihn zu tun. Wir konnten ihn noch nicht einmal lieben. In unserem tiefsten Moment tat er sein größtes Werk. Als wir uns am schlimmsten benahmen, zeigte Jesus sein bestes Benehmen. Er kam genau zum richtigen Zeitpunkt für uns.

Auch das finde ich toll: »Wir wissen aber, dass denen, die Gott lieben, alle Dinge zum Besten dienen, denen, die nach dem Vorsatz berufen sind« (Röm 8,28 SLT). *Alle Dinge* dienen denen zum Besten, die Gott lieben. Nicht manche Dinge. Alle Dinge. Alle Umstände. Alle Ereignisse. Alle Feierlichkeiten. Alle Enttäuschungen. Alle Versuchungen. Alle Siege. Alle Niederlagen. Denen, die Gott lieben, dienen alle Dinge zum Besten. Für dich als Christen bedeutet das, dass du nur deshalb nicht das bekommen hast, was du wolltest und wann du es wolltest, weil Gott wusste, dass es für dich noch etwas Besseres gibt. Entweder war dein Wunsch nicht das Richtige oder es war nicht der richtige Zeitpunkt dafür. Wie auch immer, Gott hält nach dem Besten für dich Ausschau. Und nicht nur das, Gott sorgt dafür, dass *alle Dinge* zusammenpassen, wie bei einem Puzzle. Wow!

Weine nicht. Er kommt nicht zu spät.

Kannst du dir vorstellen, wie Gottes Timing für die Witwe in unserer Geschichte ausgesehen haben muss? Dein Mann ist tot. Jetzt ist dein Sohn gestorben. Dein Leben, so wie du es kanntest, ist vorbei. Du hältst jetzt also die Beerdigung für deinen geliebten Sohn ab, und als sein Leichnam zum Begräbnis aus der Stadt hinausgetragen wird, wirst du von einem Mann aufgehalten, dem du noch nie begegnet bist. Er scheint freundlich zu sein, und man sieht gleich, dass er Mitgefühl mit dir hat. »Das ist schön«, denkst du, »aber lass mich bitte weitergehen, damit ich meinen Sohn begraben kann.«

Dann sagt er etwas, was dich bis ins Mark erschüttert: »Weine nicht.«

»Bitte was? Weine nicht? Merkst du denn gar nicht, was hier los ist? Kannst du nicht sehen, dass mein Sohn tot ist? Und übrigens, mein Mann auch! *Weine nicht?* Mein Leben ist vorbei. Und wo ist Gott, wenn ich ihn brauche? Wo war er, als ich ihn auf Knien darum bat, meinen Sohn zu verschonen? Hat er mich nicht gehört? Wo war Gott, als er starb?«

Aber als Jesus sagt »Weine nicht«, will er die Witwe damit nicht verärgern. Es soll ihr Hoffnung geben. Jesus will damit so etwas sagen wie: »Weine nicht. Gott ist nicht zu spät. Sein Timing ist vollkommen.«

Dann geht Jesus hinüber zur Bahre und sagt: »Junger Mann, ich sage dir, steh auf!« Und dann setzt sich der Sohn auf und beginnt zu reden. Verstehst du? Jesus brachte einen toten Mann zurück ins Leben!

Ich weiß nicht, was in deinem Leben los ist. Ich weiß nicht, welche Probleme du hast oder was du dir im Moment von Gott wünschst. Aber ich weiß Folgendes: Gott ist nie zu spät. Sein Timing ist immer vollkommen. Deine Situation mag hoffnungslos erscheinen. Vielleicht glaubst du, dass alles ausweglos ist, dass noch nicht einmal Gott dir jetzt helfen könnte. Vielleicht bist du frustriert, dass er deine Gebete noch nicht erhört hat. Du musst

Folgendes wissen: Wenn Gott das Gebet einer Witwe erhören kann, ihren Sohn zu heilen, *nachdem der Sohn gestorben ist,* kann er dir genau zur richtigen Zeit genau das geben, was du brauchst. Vielleicht ist das nicht genau jetzt, aber es wird zur rechten Zeit geschehen.

Christliche Schimpfwörter

Als Kind hatte ich einen kleinen Sprachfehler. Ich konnte das »S« nicht richtig aussprechen. Es klang immer wie ein »F«. Das war frustrierend, denn man konnte nicht immer verstehen, was ich sagen wollte.

Als ich ungefähr sechs Jahre alt war, war dieser Tyrann bei mir im Block, der sich immer mit mir anlegte. Ziemlich hartgesotten. Viel größer als ich. Und gemein. Groß, böse und hässlich. Machte sich ständig über mich lustig und schubste mich herum. Der Tyrann hieß Christina. (Ja, ich weiß, das ist mir immer noch peinlich.)

Bei mir zu Hause durften wir bestimmte Wörter nicht sagen. Diese Wörter wurden praktisch wie Schimpfwörter angesehen, und im Haus der Wilkersons solltest du besser nicht dabei erwischt werden, wenn du sie gerade sagst. Sie waren wie die Pastorenversion von Schimpfwörtern – christliche Schimpfwörter. Eines dieser christlichen Schimpfwörter war »Halt die Fresse!«

Eines Tages beschimpfte der große, böse, hässliche Tyrann mich mit christlichen Schimpfwörtern. Sie sagte zu mir, ich sei dumm und solle die Fresse halten. Ich weiß noch, wie ich nach Hause lief und weinend zu meinem Papa sagte:

»Papa, Chriftina hat gefagt ›halt die Freffe‹.«
»Was meinst du, Rich?«

»Chriftina hat gefagt ›halt die Freffe‹, Papa.«

»Rich, ich verstehe nicht, was du da sagst.«

»Papa, ich fage dir: Chriftina hat gefagt ›halt die Freffe‹! Fie ift ein Fünder, Papa, fie ift ein Fünder. Fie hat gefagt ›halt die Freffe‹!«

Ganz egal, wie sehr ich mich anstrengte, es ihm zu erklären, meine Aussprache verhinderte es. Ich versuchte, meinem Papa zu sagen, dass Christina ›halt die Fresse‹ gesagt hatte und dass sie deswegen ein Sünder war. In meinem sechsjährigen Pastorenkinddenken war »Sünder« die schlimmste Bezeichnung, die ich jemandem geben konnte. Ich wollte meinen Papa darüber informieren, dass dieses Mädchen die rettende Gnade von Jesus Christus brauchte oder, wenn sie die nicht haben wollte, direkt zur Hölle fahren könnte, wie sie es verdient hatte. (Hey, was denn? Ich war sechs.)

Ein anderes Mal brachte mich mein Sprachfehler in ernsthafte Schwierigkeiten. Eines Samstags gingen meine Familie und ich zum Friseur. Als ich klein war, hasste ich Haareschneiden, aber unser Friseur hatte einen Deal mit uns. Wenn wir während des Haareschneidens nicht weinten, gab er uns am Ende einen Lolli. Als ich klein war nannten wir sie nicht »Lollis«, wir nannten sie »Sucker« (Lutscher). Du kannst dir sicher vorstellen, was jetzt kommt.

Aus Leibeskräften schrie ich »ICH WILL EINEN …« – und dann kam mir mein Sprachfehler dazwischen. Was für eine Szene. Das Pastorenkind schrie das, was die Leute für das F-Wort hielten. Die älteren Männer im Laden regten sich auf. Der Pastor schrie sein Kind an, es solle den Mund halten. Der Friseur lachte hysterisch. Es war schlimm. An diesem Tag bekam ich keinen *Sucker*. Warum? Weil wir in dieser Welt die Dinge nur dann bekommen, wenn wir richtig darum bitten. Offensichtlich war die Art und Weise, wie ich es getan hatte, weit davon entfernt.

Christen wenden oft eine ähnliche Regel an. Wir sprechen unsere Gebete und denken, dass Gott uns schon geben wird, was wir wollen, wenn wir auf die richtige Weise mit genau den richtigen Worten darum bitten. Aber Gott lässt sich nicht überreden, weil unsere Worte ihn beeindrucken. Gott ist so gut und so groß und so weise, dass er uns gibt, was wir brauchen, ganz egal ob wir die richtigen Worte verwenden oder nicht. Manchmal gibt er uns, was wir brauchen, ohne dass wir ihn darum bitten müssen.

Die Witwe hatte Jesus nie um Hilfe gebeten. Jesus tauchte einfach auf und erweckte ihren Sohn wieder zum Leben. Sie hatte nicht darum gebeten. Sie hatte nicht gefleht. Sie hatte nicht gebettelt. Sie hatte keine großen Reden geschwungen. Soweit wir wissen, sah sie Jesus erst an, als er sich ihr näherte. Gott ist für uns, und Jesus, die Verkörperung der Gnade, sorgt dafür, dass denen, die Gott lieben, alle Dinge zum Besten dienen, egal ob sie darum gebeten haben oder nicht.

Er empfand großes Mitleid für sie

Bevor Jesus in unserer Geschichte zu der Witwe sagt, sie solle nicht weinen, »empfand er großes Mitleid für sie«. Die Witwe tat ihm leid. Er fühlte mit ihr mit.

Dieser kurze Satz aus dem Text sagt uns so viel über Jesus. Es ist der Beweis, dass unsere Gefühle Jesus wichtig sind. Er sagt uns, dass Jesus Menschen nicht gerne leiden sieht. Der Tod bricht ihm das Herz. Er tut ihm sogar weh. Er weiß, dass die Welt anfangs, als Gott sie gemacht hatte, gut gewesen war. Die Sünde zerstörte Gottes gute Welt und brachte den Tod und all das Leid mit sich. Jesus weiß, wie toll die Welt wäre, wenn die Menschen sich von der Sünde ab- und Gott wieder zuwenden würden.

Manchmal werden wir in unseren Gemeinden dazu ermutigt, unser Leid zu verstecken. Selbst wenn es wehtut, werden wir ermutigt zu lächeln. Durch Schein zum Sein. Solange ich ein Lächeln aufsetze, wandle ich im Glauben. Ja, eine positive Einstellung ist etwas Gutes, und großer Glaube an Gott ist wunderbar. Doch wenn wir unseren Schmerz nur zudecken und ein fröhliches Gesicht aufsetzen, weil wir denken, das sei das richtige Verhalten oder weil wir glauben, dass Gott unsere Gefühle nicht wichtig sind, liegen wir falsch. Unsere Gefühle sind für Gott eine große Sache. Es ist Jesus wichtig, wie wir uns fühlen. Was wir fühlen, fühlt auch Jesus. Wenn wir Kummer haben, spürt er ihn auch. Er hat Mitgefühl. Wenn wir froh sind, fühlt er das auch.

In der *Schlachter-Übersetzung* von Lukas 7,13 steht, dass Jesus sich über die Witwe »erbarmte«. Ich liebe das Wort *Erbarmen*. Es bedeutet ein Gefühl des Kummers gefolgt von einem tiefen Wunsch, die Not zu lindern. Die meisten von uns empfinden Mitleid, wenn wir andere in Not sehen. Den meisten von uns tut das Herz weh, wenn wir eine schlimme Situation sehen. Wir sehen im Fernsehen hungernde Kinder oder missbrauchte Tiere und sie tun uns leid. Vielleicht vergießen wir auch die ein oder andere Träne. Das ist Mitleid. Mitleid ist zwar nett, aber führt normalerweise nicht zur Linderung der Not. Wann hast du das letzte Mal Geld gespendet, um das Elend hungernder Kinder zu lindern, oder hast etwas getan, um zu helfen?

Der Unterschied zwischen Mitleid und Erbarmen ist die Tat. Und in der Bibel steht, dass Jesus sich über die Witwe erbarmte. Sie tat ihm leid, aber dabei blieb es nicht. Als er sagt: »Weine nicht«, tut er es deswegen, weil er ihr gleich einen Grund geben wird, sich zu freuen. Er ist im Begriff, das zu tun, was ihr unmöglich war. Es ist, als würde er sagen: »Weine nicht. Ich liebe dich mehr, als du wahrscheinlich wissen kannst. Und was ich für dich auf Lager habe, übertrifft deine kühnsten Vorstellungen.«

Weine nicht. Jesus liebt dich. Er liebt dich mit einer Liebe, die größer ist als das, was die meisten von uns verstehen. Unsere Sprache hat noch nicht einmal ein Wort für diese Art von Liebe. Aber die griechische schon.

Vier Arten von Liebe

Liebe. Das ist ein interessantes Wort. Gibt es ein anderes Wort in unserer Sprache, das so viel Bedeutung trägt? Gibt es ein anderes Wort, das solch eine Bandbreite an Gefühlen ausdrücken kann? Wir benutzten dieses Wort auf hundert verschiedene Weisen. Ich liebe meine Frau. Ich liebe meine Mutter. Ich liebe meine Freunde. Ich liebe die Seattle Seahawks. Ich liebe Hamburger. Ich liebe Hip-Hop. Ich liebe mein Land. In all diesen Beispielen vermittelt das Wort *lieben* immer etwas Positives, aber dieses »Positive« ist in jedem Fall anders geartet.

Weil du dieses Buch in deiner Sprache liest und weil unsere Kulturen sich ähneln, verstehst du ziemlich gut, was ich meine, wenn ich sage, dass ich meine Frau liebe und dass ich Hamburger liebe. Du verstehst, dass ich für Hamburger nicht dasselbe empfinde wie für DawnCheré, aber aus welchem Grund auch immer benutzen wir in beiden Fällen das Wort *lieben*. Im Griechischen, der Sprache, in der das Neue Testament geschrieben wurde, gibt es mindestens vier verschiedene Wörter, die wir mit dem Wort *Liebe* übersetzen. Das sind *storge, philia, eros* und *agape*. In seinem Buch *Was man Liebe nennt* beschreibt C. S. Lewis auf wunderbare Weise die einzigartige Bedeutung dieser unterschiedlichen Arten von Liebe. Und um zu verstehen, wie Jesus liebt, müssen wir uns jede von ihnen einzeln anschauen.

Storge

Die *storge*-Liebe ist eine natürliche Zuneigung für jemanden oder etwas. Das ist die Liebe, die die Mitglieder einer Familie füreinander empfinden. Die Liebe einer Mutter für ihr neugeborenes Baby ist *storge*-Liebe. Die Liebe, die Menschen für ihre Haustiere empfinden, ist *storge*-Liebe. Es ist eine nahezu angeborene oder »voreingestellte« Liebe. Wir empfinden *storge*-Liebe einfach, weil wir uns in einer bestimmten Beziehung mit etwas oder jemandem befinden, normalerweise einem Familienmitglied. Egal was passiert, wir lieben unsere Familie. Vielleicht mögen wir sie nicht immer, aber wir sind ihr gegenüber loyal. Wir wollen das Beste für sie. Wir haben eine natürliche Zuneigung für sie. Das ist *storge*.

Philia

Philia-Liebe ist die Liebe, die Freunde für einander empfinden. So empfinden du und dein bester Freund füreinander. Sie ist ein starkes Band, das auf gemeinsamen Erfahrungen, gegenseitigem Respekt und Zuneigung basiert. Ihr habt Dinge gemeinsam, kümmert euch umeinander und achtet aufeinander. Ihr entscheidet euch dafür, Zeit miteinander zu verbringen. Das ist *philia*.

Eros

Über *eros*-Liebe sollte ich nicht einmal sprechen müssen. Von diesem Begriff kommt unser deutsches Wort *Erotik*. Und unsere Kultur ist versessen darauf. Nahezu jeder Film, jedes Lied, jeder Werbespot ist eine Hommage an *eros*. *Eros* ist die romantische Liebe. Sie ist das leidenschaftliche Gefühl zwischen Mann und Frau. Die Schmetterlinge im Bauch, wenn dein(e) Geliebte(r) den Raum betritt. Wir nennen das manchmal auch »Chemie«.

Agape

Die *agape*-Liebe unterscheidet sich vollkommen von den ersten drei, die alle unterschiedliche Arten von Gefühlen sind. Ich empfinde Zuneigung für meine Familie. Ich empfinde eine Verbindung mit meinem besten Freund. Ich fühle mich zu meiner Frau hingezogen. Aber die *agape*-Liebe ist kein Gefühl. Bei *agape* geht es nur um Taten. Die *agape*-Liebe ist eine Selbstverpflichtung, für das Wohl einer anderen Person zu sorgen. Sie ist eine Entscheidung. Sie hat nichts mit Gefühlen zu tun und nichts damit, ob eine andere Person die Hilfe verdient hat oder nicht. Das Wort, das dem in unserer Sprache am nächsten kommt, ist Nächstenliebe. Aber wenn wir das Wort *Nächstenliebe* hören, denken wir an Wohltätigkeitsorganisationen wie die Heilsarmee und United Way, die Bedürftigen ihre Hilfe anbieten. Das meine ich nicht, wenn ich von Nächstenliebe spreche. Nächstenliebe bedeutet, anderen zu helfen, egal ob sie die Hilfe verdient haben oder nicht. Das ist *agape*-Liebe. Das ist bedingungslose Hilfe. Und wenn die Bibel über die Liebe Jesu für uns spricht, verwendet sie das Wort *agape*, um diese Liebe zu beschreiben. Jesus ist die Verkörperung der bedingungslosen Liebe. Er ist *agape*.

Der Apostel Paulus veranschaulicht uns auf großartige Weise, wie *agape*-Liebe aussieht:

Die Liebe ist geduldig und freundlich. Sie ist nicht neidisch oder überheblich, stolz oder anstößig. Die Liebe ist nicht selbstsüchtig. Sie lässt sich nicht reizen, und wenn man ihr Böses tut, trägt sie es nicht nach. Sie freut sich niemals über Ungerechtigkeit, sondern sie freut sich immer an der Wahrheit. Die Liebe erträgt alles, verliert nie den Glauben, bewahrt stets die Hoffnung und bleibt bestehen, was auch geschieht. – 1. Korinther 13,4–7

Willst du wissen, wie echte Liebe aussieht? Dann lies 1. Korinther 13. Sie ist geduldig. Sie ist freundlich. Sie ist demütig. Sie arbeitet für das Wohl eines anderen. Sie gibt nie auf. Diese Art von Liebe hat nichts mit Chemie zu tun oder ob der andere es verdient, so geliebt zu werden. Sie ist eine Entscheidung. Sie ist eine Gewohnheit. Sie ist eine Tugend. Sie ist die höchste aller Tugenden.

Jeder von uns will geliebt werden. Und wenn wir ehrlich sind, wollen wir mehr als das, was die ersten drei Arten von Liebe leisten können. *Storge*-Liebe – Zuneigung von unserer Familie – ist wunderbar, aber nicht ausreichend. *Philia* – die Liebe zwischen Freunden – ist mächtig und ein großer Segen, wenn wir sie finden, aber wir sind auf der Suche nach etwas noch Größerem. *Eros* – die romantische Liebe – haut uns eine Zeit lang um, aber sie ist nicht von ewiger Dauer. Was wir wollen – wozu wir eigentlich geschaffen wurden –, ist jemand, der uns bedingungslos liebt, mit einer Liebe, die nach uns Ausschau hält und sich um uns bemüht, auch wenn wir es nicht verdient haben. Wir brauchen *agape*-Liebe.

Es bricht mir das Herz, wenn ich die unzähligen Millionen Menschen sehe, die sich aufrichtig und von Herzen nach Liebe sehnen und nicht die leiseste Ahnung haben, wo sie die Art von Liebe finden können, die sie brauchen. Viele von uns glauben, dass Liebe nur ein Gefühl ist. Wenn wir das glauben, werden wir unsere tiefste Sehnsucht mit der falschen Art von Liebe stillen. Wenn wir die Liebe, die wir brauchen, nicht bekommen, schieben wir die Schuld auf unsere Familie (»Mein Vater hat mich nicht genug geliebt«) oder unsere Freunde (»Meine Freunde nehmen sich nicht genug Zeit für mich«) oder unsere bessere Hälfte (»Das Feuer ist erloschen«). Aber das Problem sind nicht die Menschen um uns herum. Das Problem ist, dass wir etwas von ihnen erwarten, was sie uns nicht geben können.

Wir müssen bedingungslos geliebt werden, und es gibt nur eine Person, die uns so lieben kann. Jesus Christus. Jesus liebt uns nicht nur, weil er sich danach fühlt. Jesus liebt uns, weil wir *agape* brauchen. Er hat uns so geschaffen. Jesus ist Liebe und er gießt diese *agape* jeden Tag auf Millionen verschiedene Weisen über uns aus. Er liebt uns so sehr, dass er in Weisen für uns sorgt, die wir noch nicht einmal bemerken. Seine Liebe ist so groß und so präsent, dass wir sie oft stillschweigend voraussetzen.

Die Sonne und der Sohn

Theologen sprechen oft von »allgemeiner Gnade« und meinen damit die Segnungen, die dank der Güte Gottes jeder Mensch empfängt. Wir denken nicht sehr oft darüber nach, noch bitten wir darum. Ich habe Gott zum Beispiel noch nie darum gebeten, am Morgen die Sonne aufgehen zu lassen. Und um ehrlich zu sein, danke ich ihm auch selten dafür. Aber genau diese Sonne geht einfach jeden Morgen auf. Das ist ein Teil der allgemeinen Gnade Gottes. Es gibt bestimmte Dinge, die Gott für jeden von uns tut, einfach weil er gut ist und uns liebt.

Jesus verkündete, dass die allgemeine Gnade so groß ist, dass sogar die schlimmsten Sünder auf der ganzen Welt ihren Nutzen davon haben:

Ihr habt gehört, dass gesagt ist: Du sollst deinen Nächsten lieben und deinen Feind hassen. Ich aber sage euch: Liebt eure Feinde, segnet, die euch fluchen, tut wohl denen, die euch hassen, und bittet für die, welche euch beleidigen und verfolgen, damit ihr Söhne eures Vaters im Himmel seid. Denn er lässt seine Sonne aufgehen über Böse und

Gute und lässt es regnen über Gerechte und Ungerechte.
– Matthäus 5,43–44

Jesus sagt, dass Gott »seine Sonne« über Böse und Gute aufgehen lässt. Es ist kein Zufall, dass Jesus hier von der Sonne als Gottes Sonne spricht. Es ist Absicht. Jesus will damit sagen, dass Gott die Sonne geschaffen hat und sie deshalb Gott gehört (zusammen mit allem anderen im Weltall). Und jeder hat seinen Nutzen von der Sonne – die Reichen und die Armen, die Atheisten und die Gläubigen, die Guten und die Bösen, die Sünder und die Heiligen. Allgemeine Gnade.

Manchmal vergessen wir die einfachen Dinge. Wenn Gott die ganze Welt in seinen Händen hält, wenn er die vollständige Kontrolle hat, warum machen wir uns dann überhaupt Sorgen? Wenn er die ganze Welt in seinen Händen hält, kann er in der Welt sicherlich auch für uns sorgen. Wenn er auf den Spatz achtet, schenkt er sicher auch uns Beachtung. Er hat heute Morgen seine Sonne für dich aufgehen lassen. Er ist am Werk für dich, ohne dass du ihn überhaupt darum bittest. Das ist *agape*-Liebe. So liebt Jesus.

Ein Freund von mir arbeitet im Bereich der Finanzdienstleistungen. Er erzählt mir immer vom Markt, darüber welche Firma gerade eine gute Investition ist und welche sich gerade im Sturzflug befindet, über Risiken und Erträge, darüber wie eine seiner Aktien ein großer Erfolg war oder wie er eine Aktie verkauft hat, weil sie nicht das gebracht hat, was er sich erhofft hatte. Jedes Mal, wenn wir uns unterhalten, denke ich an zwei Dinge. Erstens bin ich froh, dass ich nicht im Bereich der Finanzdienstleistungen arbeite. Zweitens bin ich froh, dass Gott mich nicht loswerden will, wenn ich schlechte Leistung bringe. Gott hört nicht auf, in mich zu investieren, weil er weiß, dass sich die Investition eines Tages auszahlen wird. Eines Tages werde ich all das sein, wozu Gott mich geschaffen hat. Heute steht meine Aktie vielleicht gerade schlecht, aber eines Tages wird sie in die Höhe schießen.

Es gefällt mir, dass Jesus das Beispiel mit der Sonne gebraucht, um zu zeigen, wie sehr Gott die Menschen liebt. Es gefällt mir deshalb so sehr, weil es auffallende Ähnlichkeiten zwischen Gottes Sonne und Gottes Sohn, Jesus Christus, gibt. Die Sonne ist ein erstaunlicher Beweis für Gottes allgemeine Gnade, aber sein größtes Geschenk an die Welt war nicht die Sonne, sondern sein Sohn.

Mithilfe der Sonne wird die physikalische Welt erhellt, der Sohn aber ist das geistliche Licht der Welt. Sowohl die Sonne als auch der Sohn wurden angebetet, aber nur der Sohn hat reagiert. Beide sind hoch oben, aber nur der Sohn kann alle Menschen zu sich ziehen. Beide sind ein alles verzehrendes Feuer, aber nur der Sohn kann auch ein kaltes Herz zum Schmelzen bringen. Beide sind so riesig, dass man sie nicht erfassen kann, aber nur der Sohn ist innig vertraut mit jeder Einzelheit unseres Lebens. Beide waren Zeuge der Geburtsstunde der Menschheit, aber es war der Sohn, durch den Gott die Menschheit schuf. Beide sind lebenserhaltend, aber nur der Sohn gibt ewiges Leben. Beide haben ihren Thron in den Himmeln, aber nur der Sohn ist der König der Könige und der Herr der Herren. Beide erheben sich, um einen neuen Tag zu verkünden, aber nur der Sohn stand auf, um den Sieg über Tod, Hölle und das Grab zu verkünden und der Menschheit neues Leben zu geben.

Gott hätte heute Morgen die Sonne nicht aufgehen lassen müssen und er hätte uns nicht seinen Sohn geben müssen. Aber er hat es getan. Weil er uns liebt. Er hätte den Sohn der Witwe nicht von den Toten auferwecken müssen. Aber er hat es getan. Weil er liebt. Oh, wie sehr er liebt!

KAPITEL 6

STEH AUF

Und er ging hinüber zur Bahre und berührte sie. Die Träger blieben stehen. »Ich sage dir«, sprach Jesus, »steh auf!« Da setzte sich der Verstorbene auf und fing an zu sprechen! So gab Jesus ihn seiner Mutter zurück. Angst und Ehrfurcht erfassten die ganze Menge. Sie lobten Gott und sagten: »Ein mächtiger Prophet ist zu uns gekommen. Heute hat Gott sein Volk besucht.« Berichte über diese Tat verbreiteten sich in ganz Judäa und bis über die Grenzen des Landes hinaus.

Lukas 7,14–17

Liebesbriefe

Gibt es etwas Unbeholfeneres als junge Liebe? Ich spreche hier von *ganz* junger Liebe, im Grundschulalter. Weißt du noch, wie du das Mädchen mit den Zöpfen und dem breiten Grinsen mochtest oder den Jungen mit den großen Hasenzähnen? Erinnerst du dich noch an Liebesbriefchen? Das ist typisch für junge Liebe. Ohne diese Zettelchen hätte es nur wenig »romantische« Kommunikation zwischen Jungs und Mädchen gegeben. Diese Liebesbriefchen hatten einen bestimmten Aufbau und dienten einem bestimmten Zweck. Wenn du in jemanden verknallt warst, bist du nicht einfach hingegangen und hast ihm oder ihr das gesagt. Das wäre Wahnsinn gewesen und erst recht zu einfach und eindeutig. Stattdessen schriebst du (in deiner schönsten Schrift) ein Briefchen an deinen Schwarm, maltest vielleicht ein oder zwei Herzchen darauf und gabst ihn dann deinem besten Freund, der ihn übergeben sollte. Wenn dein Freund ein gutes Wort oder zwei für dich einlegte, umso besser.

Die Briefchen, die ich verschickte, waren alle ähnlich, eine Reihe von Fragen mit Kästchen zum Ankreuzen, die zunehmend verbindlicher wurden. Ich ließ keinen Raum für Irrtümer und nicht viel Raum für Geheimnisse.

- Magst du mich? Bitte eins ankreuzen.
  Ja. Nein. Vielleicht.
- Liebst du mich? Bitte eins ankreuzen.
  Ja. Nein. Vielleicht.
- Willst du mit mir gehen? Bitte eins ankreuzen.
  Ja. Nein. Vielleicht.

Einmal ließ ich einem Mädchen ein solches Zettelchen zukommen und sie kreuzte erst »Nein« und dann noch einmal »Nein« und dann »Vielleicht« an. Ich nehme an, sie war verwirrt. Offensichtlich mochte sie mich nicht und liebte mich auch nicht, und trotzdem zog sie es in Betracht, mit mir zu gehen. Verrückt. Wenn ich so ein Briefchen bekam, kreuzte ich immer nur »Vielleicht« an. Meistens wollte ich mit niemandem gehen, aber ich wollte auch die Herzen der Mädchen nicht brechen. Hey, verurteil mich nicht, so war das damals eben.

Wenn du dann einmal die siebte Klasse hinter dir gelassen hast, wird dir jedoch klar, dass wahre Liebe so nicht funktioniert. Wenn du jemanden liebst, dann musst du persönlich zu ihm hingehen. Du kannst dich nicht hinter deinem Freund oder einem Briefchen verstecken.

Als ich meiner Frau begegnete, ließ sie mich zappeln. Die ersten paar Monate nach unserer Begegnung rief ich sie oft an, aber sie ging nie ans Telefon, nicht ein einziges Mal. Du würdest denken, ich hätte den Wink mit dem Zaunpfahl verstanden, aber so schnell bin ich nicht. Und DawnCheré ist einfach so hübsch, also blieb ich dran. Als es um DawnCheré ging, wollte ich den Lauf der Dinge nicht einem kleinen Liebesbriefchen mit Antworten zum Ankreuzen überlassen. Ich wollte, dass sie *mich* kennenlernt, nicht meine Grammatik.

Ich staune immer wieder, wenn ich Gläubige treffe, die sich so stark auf ihr richtiges Verhalten konzentrieren, dass es scheint, als liebten sie Gottes Gesetz mehr als den Gesetzgeber selbst. Warum solltest du Gottes Liebesbriefe anbeten, wenn du Gott selbst anbeten kannst? Sicher, Gott gab uns das Gesetz (durch Mose), aber er gab uns auch Jesus, die Verkörperung von Gnade und Wahrheit. Gnade ist eine Person. Wahrheit ist eine Person. Ihr Name ist Jesus und er hatte kein Problem damit, dir persönlich nachzugehen.

Jesus kam vom Himmel, um eine Möglichkeit zu schaffen, mit dir zusammen zu sein. Er hat es initiiert. Er hat dich zuerst geliebt, bevor du ihn lieben konntest. Er wollte eine persönliche Beziehung, kein Winken aus der Entfernung, keine seitliche Umarmung, kein Austausch von Grundschul-Liebesbriefchen. Er wollte eine liebevolle, innige, persönliche Beziehung mit uns. Und das Erstaunliche daran ist: Sobald du die Beziehung mit Gott erlebst, wirst du merken, dass du all die Dinge tun *willst*, von denen du dachtest, du *müsstest* sie tun, um Gottes Liebe zu verdienen.

Das volle Ausmaß seiner Liebe

In Johannes 13 steht, dass Jesus, kurz bevor er verhaftet und gekreuzigt wurde, sich die Zeit nahm, mit seinen Jüngern zu essen und sie eine weitere Sache zu lehren. Während des Essens goss Jesus Wasser in eine Schüssel, ging im Raum umher und wusch den Jüngern die Füße. Das war eine unglaubliche Darstellung seiner Demut. Hier war Jesus, der berühmteste Rabbi seiner Zeit und der Lehrer und Mentor dieser Gruppe von Männern. Sie hatten ihre früheren Interessen und Berufe hinter sich gelassen, um ihm nachzufolgen. Sie glaubten, dass er der Messias war, der langerwartete Retter von Israel. Sie verehrten Jesus. Und dennoch beugte sich Jesus vor jedem von ihnen nieder und nahm die Rolle eines Dieners ein. Er wusch ihre schmutzigen, schlammverkrusteten Füße und erklärte ihnen, dass sie einander dienen sollten, wie er ihnen diente.

Johannes beschreibt, dass diese Lektion half, den Jüngern das volle Ausmaß der Liebe Jesu für sie zu zeigen. Er diente ihnen, als sie es brauchten. Jesus ließ keine Gelegenheit aus, um sie zu lieben. Jesus ging den Jüngern nach und zeigte ihnen seine Liebe, nicht nur indem er ihnen die Füße wusch, sondern auch indem er am Kreuz starb. Mit anderen Worten, Jesus liebte sie bis zum bitteren Ende. Wahre Liebe hört bis zum Ende niemals auf, dem anderen nachzugehen und sich um ihn zu bemühen.

Vor neun Jahren heiratete ich DawnCheré, aber nur weil wir jetzt verheiratet sind, heißt das nicht, dass ich aufhöre, mich um sie zu bemühen. Unser Ehegelübde galt nicht nur für die Flitterwochen oder das erste Jahr oder bis wir genug voneinander haben würden. Diese Verbindlichkeit gilt unser Leben lang. Also werde ich für den Rest meines Lebens hinter ihr her sein. Ich werde ihr nachgehen und mich um sie bemühen. Es ist dieses Dem-Anderen-Nachgehen, das die Leidenschaft erzeugt.

Wenn ein Pärchen sich kennenlernt, ist dieses Einander-Nachgehen intensiv. Er hört nicht auf, sie anzurufen. Sie kann nicht aufhören, an ihn zu denken. Das wohlig-warme Gefühl ums Herz ist überall. Doch oft ist es so, dass das Paar, wenn es heiratet, aufhört, miteinander auszugehen und das Einander-Nachgehen kühlt sich ab. Die Beziehung wird fad. DawnCheré und ich haben entschieden, dass wir es uns nicht in einer Ehe bequem machen werden, die auf guten Zeiten in der Vergangenheit aufgebaut ist. Das bedeutet, dass wir uns weiterhin umeinander bemühen müssen.

Bei unserer Beziehung mit Jesus hört er nicht einmal auf, uns nachzugehen, nachdem er uns errettet hat. In Philipper 1,6 steht: »Ich bin ganz sicher, dass Gott, der sein gutes Werk in euch angefangen hat, damit weitermachen und es vollenden wird bis zu dem Tag, an dem Christus Jesus wiederkommt.« Mit anderen Worten, Jesus spielt nicht mit dir. Er rettet dich nicht, um dich dann fallenzulassen und sich stattdessen jemand anderen zu »nehmen«. Jesus bleibt langfristig mit dir zusammen. Er macht etwas aus dir. Du bist sein Meisterstück und er wird nicht aufhören, bis alles genau richtig ist.

Die Bibel ist voller Verse, die Gottes beständige Liebe verkünden. Hier sind einige davon:

Die Gnade des Herrn nimmt kein Ende!
Sein Erbarmen hört nie auf,
jeden Morgen ist es neu.
Groß ist seine Treue.
– Klagelieder 3,22–23

Dankt dem Herrn, denn er ist gut!
Denn seine Gnade bleibt ewig bestehen.
Dankt dem Gott der Götter.
Denn seine Gnade bleibt ewig bestehen.
Dankt dem Herrn der Herren.
Denn seine Gnade bleibt ewig bestehen.
– Psalm 136,1–3

Das Gesetz aber wurde gegeben, damit alle Menschen erkennen konnten, wie sündig sie waren. Doch als das Ausmaß der Sünde unter den Menschen immer größer wurde, ist Gottes wunderbare Gnade noch grenzenloser geworden.
– Römer 5,20

Die Liebe kennt in ihrem Ausharren keine Grenzen, in ihrem Vertrauen kein Ende, in ihrer Hoffnung kein Schwinden; sie kann alles überdauern. Sie ist sogar das Eine, das Bestand haben wird, wenn alles andere wegfällt.
– 1. Korinther 13,7–8 PHILLIPS

Ich könnte seitenlang so weitermachen. Wenn du an mehr interessiert bist – es gibt da ein fantastisches Buch namens Bibel, das dir mehr darüber offenbaren wird, mit wie viel Liebe Gott dir nachgeht. Lies mal nach.

Jesus liebt uns. Seine Liebe kennt keine Grenzen. Darum geht Jesus uns nach. Er kann nicht aufhören, uns zu lieben, und wird darum bis zum letzten Tag nicht aufhören, uns nachzugehen. In der Geschichte der Witwe sehen wir, wie eng und persönlich dieses Nachgehen war, und wir erhaschen einen Blick auf die unfassbare Liebe, die Jesus für uns hat.

Er berührte die Bahre

Jesus sah, wie die Witwe in dem Trauerzug lief und ging auf sie zu. Interessanterweise berichtet der Text nichts über den Glauben oder Unglauben der Frau. Vielleicht war sie eine glaubenserfüllte Frau Gottes. Vielleicht auch nicht. Vielleicht war sie erst vom Verlust ihres Mannes und dann dem ihres Sohnes so niedergeschlagen, dass ihr Glaube an Gott geschwunden war. Vielleicht zweifelte sie an Gottes Existenz. Vielleicht hatte sie noch nie an Gott geglaubt. Wir wissen es nicht. Lukas erwähnt es nicht. Und ich denke, das war Absicht.

Egal wie es in ihrem Fall aussah, die Witwe hätte sich, genau wie der Hauptmann in der vorherigen Geschichte, nie verdienen können, was Jesus im nächsten Moment für sie tun würde. Selbst wenn sie die heiligste Frau in ganz Nain gewesen wäre, hätte sie sich die mächtige Liebe und Gnade Gottes nicht verdienen können. Aber Gottes Liebe für uns hängt nicht von unserer Liebe für ihn ab. Wir wissen nicht, wie es im Herzen der Witwe aussah. Wir wissen nur, dass es Jesus das Herz brach, die Witwe über den

Tod ihres Sohnes trauern zu sehen, und das veranlasste ihn dazu, etwas zu tun.

Jesus ging hinüber zur Bahre und berührte sie. »Und er ging hinüber zur Bahre und berührte sie. Die Träger blieben stehen.«

Bevor wir jetzt fortfahren, müssen wir verstehen, dass es unter dem jüdischen Gesetz streng verboten war, mit Leichnamen in Berührung zu kommen. Wenn jemand einen Leichnam berührte, wurde er eine ganze Woche lang als »unrein« angesehen. »Wer einen Toten berührt, bleibt sieben Tage lang unrein« (4Mo 19,11).

Als Jesus die Bahre berührte und die Träger stillstanden, waren sie sicherlich schockiert. »Was macht Rabbi Jesus da?«, müssen sie gedacht haben. Sie wussten, dass Jesus unrein werden würde, wenn er einen Toten berührte. Was sollte das Ganze also?

Ich denke, dass Jesus den Menschen in diesem Moment (wie üblich) etwas über Gott und das Evangelium lehrte. Jesus zeigte, dass keine Macht – keine Krankheit, kein Kummer, nicht die Erwartungen der Menschen, noch nicht einmal der Tod – uns von seiner Liebe trennen können. Er hatte keine Angst, sich in eine chaotische Situation zu begeben, um seine Liebe zu zeigen. Er begab sich an die Schwelle zur Unreinheit, um diese Witwe und ihren Sohn zu lieben. Eigentlich geht es im Evangelium weitestgehend genau darum: ein göttlicher Retter, der sich entscheidet, unter der Menschheit zu wandeln, nicht um aus schlechten Menschen gute Menschen zu machen, sondern um aus Toten Lebendige zu machen.

Was für ein Bild! Die Botschaft des Evangeliums ist, dass Gott zu uns kam, als wir nicht zu ihm kommen konnten. Jesus machte den Anfang. Er ging uns nach. Es interessierte ihn nicht, wie es für die anderen aussah. Er kannte die Risiken und er wusste, dass die Witwe und ihr Sohn es wert waren.

Viele Menschen machen aus dem Leben von Jesus eine reine Angelegenheit der Moral. Jesus war ein großartiger Morallehrer, sagen sie, und lehrte viele ehrwürdige Dinge. Liebe deinen Nächsten wie dich selbst, vergib den Menschen, wenn sie dich verletzen, halte ihnen die andere Wange hin. Und sie erzählen uns, dass das Leben Jesu ein Vorbild ist, dass befolgt werden sollte, wie das Leben von Gandhi oder Martin Luther King jr. Wenn wir doch nur jeden Tag ein bisschen mehr wie Jesus sein könnten, sagen sie, würde es uns bessergehen. Wir sollten versuchen, mehr Nettes und weniger Böses zu tun. Es ist so, als würden sie denken, dass Jesus auf die Erde kam, um uns ein bisschen zu verschönern.

Aber Jesus kam nicht zu Verschönerungsmaßnahmen auf die Erde. Er kam zur Machtübernahme! Er kam, um die Sünde ein für alle Mal zu besiegen. Er kam, um den Tod – die Folge der Sünde – zu überwältigen. Sünde macht dich nicht nur unmoralisch. Es ist weitaus schlimmer als das. Sünde macht dich tot. Wir sind geistlich tot aufgrund unserer Sünden, aber Gott gibt uns neues Leben durch Jesus Christus (siehe Eph 2,5). Der Versuch, wie Jesus zu leben, ist schön und gut. Es ist toll, etwas Nettes zu tun, und es geht uns allen besser, wenn wir versuchen, mehr wie Jesus zu sein. Aber täusch dich nicht, Jesus ist mehr als nur ein toller Morallehrer oder ein Vorbild, dem wir nacheifern. Er ist der König der Könige und der Herr der Herren. Er ist unser Retter. Er ist der Sohn Gottes. Und als er herabkam zu den Menschen, wollte er uns nicht nur beibringen, wie wir ein besseres Leben führen können. Er wollte uns vielmehr von den Dingen zu erretten, die die Menschheit seit dem Vorfall im Garten Eden plagen: Sünde und Tod.

Der tote junge Mann in der Geschichte, der leblos und darum hilflos ist, ist ein Bild für die Menschheit ohne Jesus. Keiner von uns kann Gottes Maßstab gerecht werden, weil wir alle gesündigt haben. Und unsere Sünde hat uns geistlich gesehen leb- und hilflos gemacht. Weißt du, was ein Toter machen kann, um sich selbst wieder zum Leben zu erwecken? Nichts. Er ist tot. In unserer Sünde sind wir zutiefst unfähig, uns selbst wieder zum Leben zu erwecken. Um das zu erreichen, brauchen wir Gottes Eingreifen. Darum hält Jesus bei dem Trauerzug an und geht direkt auf den jungen Mann zu. Was für ein schöner Hinweis auf das, was kommen würde – für den Sohn, für die Witwe und für uns.

Als Jesus später ans Kreuz ging, tat er weit mehr, als dem Tod nur nahezukommen. Er nahm den Tod selbst auf sich. Er ging nicht nur an die Grenzen der zeremoniellen Reinheit. Er *wurde* zur Sünde und besiegte auch den Tod, damit wir neues Leben erhalten und Söhne und Töchter Gottes genannt werden könnten. Nur der Autor selbst kann seine eigene Geschichte neu schreiben. Nur Gott kann den Tod entsorgen. Und das hat er getan. Jesus ging uns nach, als wir ihm nichts im Gegenzug geben konnten. In unserer Sünde und Schande starb Jesus für uns. In Römer 5,7–8 steht: »Selbst für einen guten Menschen würde kaum jemand sterben – am ehesten noch für einen herausragenden Menschen. Gott dagegen beweist uns seine große Liebe dadurch, dass er Christus sandte, damit dieser für uns sterben sollte, als wir noch Sünder waren.«

Jesus hat keine Angst vor Chaos. Die finsteren und toten Bereiche in dir schüchtern ihn nicht ein. Man könnte sogar sagen, dass er der Messias des Chaos ist, denn im Chaos macht er seine beste Arbeit. Wir werden gleich sehen, dass Jesus sich mit Auferstehung, Erlösung und Wiederherstellung auskennt. Und wenn er das für *einen* Menschen tun kann, kann er es für *alle* tun.

Steh auf

Als Jesus die Bahre berührt, steht die Menge still. Es herrscht Stille mit Ausnahme von vereinzeltem Schniefen und Schluchzen. Die Trauergäste sind verwirrt. Noch nicht einmal die Jünger wissen, was jetzt geschehen wird. Alle Augen sind auf Jesus gerichtet. Schließlich spricht er.

»Ich sage dir«, sprach Jesus, »steh auf!« Da setzte sich der Verstorbene auf und fing an zu sprechen! So gab Jesus ihn seiner Mutter zurück. – Lukas 7,14–15

Was war das eben? Jesus sagte zu einem Toten, er solle aufstehen, und er stand auf, ohne dass Jesus ihn überhaupt berührt hatte? Ohne Reanimation? Ohne Mund-zu-Mund-Beatmung? Ohne Defibrillator? Ohne all das. Nur ein Wort vom Sohn Gottes. Erinnerst du dich noch an den Hauptmann und wie Jesus nur ein Wort sprach und den Diener des Hauptmanns heilte? Kannst du hier ein Muster erkennen? Wenn Jesus spricht, ist das irgendwie eine große Sache.

Jesus bricht in das Leben dieses toten Mannes – eigentlich in seinen Tod – herein und sagt einfach: »Die Beerdigung ist abgesagt.« Diese Aussage sollte jeder Nachfolger Jesu auf jedem Schritt des Weges im Kopf behalten. Wir hatten den Tod verdient. Wir waren tot in unseren Sünden. Aber Jesus kam und verkündete: »Die Beerdigung ist abgesagt!«

Jesus sagt dem jungen Mann, er solle aufstehen, und der Mann setzt sich auf und spricht. Keine Ahnung, was er gesagt hat. Vielleicht: »Mensch, was für ein tolles Mittagsschläfchen!«, oder »Ich hatte einen total verrückten Traum!«, oder einfach nur: »Hallo«. Was auch immer er gesagt hat, die Menge muss sprachlos gewesen sein. Dieser Bursche hätte beerdigt werden sollen. Jetzt setzt er sich auf und spricht.

In meinen Gedanken entfaltet sich die Szene wie in einem dieser Filme, wo jemand etwas Heldenhaftes tut, aber jeder schockiert ist, dass es geschehen ist, und eine Sekunde lang niemand etwas sagt. Alle sind benommen. Sie starren den Helden an. Stille. Dann beginnt einer zu klatschen. Ein anderer klatscht mit. Dann noch einer. Und kurz darauf bricht die ganze Menge in Jubel und Beifall aus.

Ich liebe es, wie Eugene Peterson diese Szene in der Bibelübersetzung *The Message* beschreibt:

Als Jesus sie sah, brach es ihm das Herz. Er sagte zu ihr: »Weine nicht.« Dann ging er hinüber und berührte den Sarg. Die Träger hielten an. Er sagte: »Junger Mann, ich sage dir: Steh auf.« Der tote Sohn stand auf und fing an zu sprechen. Jesus übergab ihn seiner Mutter.

Allen war klar, dass sie gerade Zeugen eines heiligen Rätsels geworden waren; dass Gott unter ihnen am Werk war. Sie waren voll stiller Anbetung – und dann voll lautstarker Dankbarkeit und riefen untereinander: »Gott ist zurück, er kümmert sich um die Bedürfnisse seines Volkes!« Die Nachricht von Jesus verbreitete sich im ganzen Land.
– Lukas 7,15–17

»Voll stiller Anbetung – und dann voll lautstarker Dankbarkeit.« Das ist heiliger Beifall in seiner gesamten Steigerungspalette! Unsere eigene Reaktion auf Jesus heute sollte so ähnlich aussehen – stille Anbetung, die zu lautstarker Dankbarkeit führt. Seine Liebe verändert uns von innen heraus. Er erweckt uns vom Tod zum Leben. Er bringt eiskalte, steinerne Herzen zum Schmelzen.

Er macht uns buchstäblich zu neuen Menschen in Christus. Bei diesem Gedanken sollte uns vor Ehrfurcht die Kinnlade herunterfallen. Darüber sollten wir Tag und Nacht nachdenken, in stiller, andächtiger Anbetung gegenüber dem Gott solcher staunenswerter Gnade und Herrlichkeit.

Aber dabei sollten wir nicht stehen bleiben. Unsere stille Anbetung sollte sich in lautstarke Dankbarkeit verwandeln. Wir waren tot, doch jetzt leben wir! Lasst uns nicht weiterhin so handeln, als wären wir tot! Unsere stille Anbetung sollte uns dazu bringen, den Namen Jesu, unseres Retters, so laut wie möglich zu loben. Achte darauf, dass alle Umstehenden Gott anbeten, als der junge Mann zurück ins Leben kommt. Warum? Weil ein Leben, das von Gott auferweckt wird, die Menschen immer auf Gott verweist.

»Steh auf.« Wie viel Bedeutung steckt in diesem kleinen Satz? Als Jesus diese Worte zu einem toten Mann sprach, konnte dieser nicht anders, als ins Leben zurückzukommen. Wenn Jesus uns nachgeht, erreicht er uns auch – selbst wenn wir tot sind. Dieser junge Mann hatte in dieser Angelegenheit keine Wahl. Der Gott des Universums hatte seinem Geschöpf geboten, zurück ins Leben zu kommen, und es gehorchte. Wenn Jesus in unser Leben hineinbricht, wachen wir auf. Aber weißt du, es geht hier nicht nur ums Aufwachen. Die Worte Jesu waren: »Steh auf.« Jetzt, da der junge Mann wach ist, hat er eine Wahl. Er kann auf der Bahre liegen bleiben oder Jesus gehorchen und aufstehen und in Gang kommen.

Nachdem Jesus uns geistlich auferweckt, haben wir die Wahl: weiter in der Sünde leben wie bisher oder aufstehen und dem Ruf Jesu Folge leisten. Das ist das Leben als Christ. Alles, was wir tun, ist eine Reaktion auf das, was Jesus bereits getan hat. Unser gottesfürchtiges Verhalten ist verankert in unserem Dank dem Retter gegenüber. Wir lieben einander zum Beispiel nicht, weil wir müssen. Wir lieben einander, weil Jesus uns zuerst geliebt hat und wir ihm auf diese Weise danken. Wir geben anderen Leuten nicht nur deshalb Zeugnis, weil Jesus es uns befohlen hat. Wir geben Zeugnis, weil wir nicht anders können. Wir geben Zeugnis, weil wir gesehen haben, wie Jesus in unserem Leben etwas Erstaunliches getan hat, und wir nicht anders können, als darüber zu reden. Wir geben nicht aus irgendeinem Pflichtgefühl heraus. Wir geben, weil uns mehr gegeben wurde, als wir jemals weitergeben könnten. Wir dienen nicht, um damit Gottes Gunst zu verdienen. Wir dienen, weil es eine Ehre ist, es dem gleichzutun, der uns zuerst gedient hat. Unsere Anbetung, unser Opfer, unsere Disziplin und unser Ausharren ist unsere angemessene Reaktion auf die staunenswerte Gnade Jesu Christi.

»Steh auf.« Tust du's? Oder wirst du liegen bleiben, wie so viele andere? Selbst nach einer Begegnung mit Jesus und der Verwandlung vom Tod zum Leben lassen viele Gläubige zu, dass Schmerz und Kummer sie beherrschen. Sie lassen sich von ihren Rückschlägen und Fehlern bestimmen. Sie setzen ihr Vertrauen in dieselben Menschen, die sie schon einmal enttäuscht haben. Mit anderen Worten, sie bauen weiterhin die gleichen alten Sandburgen.

Mein Freund, Jesus will dich frei machen, aber du musst auch bereit sein, aus dem Gefängnis herauszukommen. Es ist Zeit, aufzustehen, weiterzugehen und dein Leben auf etwas Neues zu bauen, etwas Solides, etwas, das ewigen Bestand haben wird. Es ist Zeit, in die Gänge zu kommen.

Es gefällt mir sehr, wie der Psalmist David es zum Ausdruck bringt:

Beharrlich habe ich auf den Herrn geharrt, da neigte er
sich zu mir und erhörte mein Schreien. Er zog mich aus der
Grube des Verderbens, aus dem schmutzigen Schlamm, und

stellte meine Füße auf einen Fels; er machte meine Schritte fest und gab mir ein neues Lied in meinen Mund, ein Lob für unseren Gott. Das werden viele sehen und sich fürchten und werden auf den Herrn vertrauen. – Psalm 40,1–3 SLT

In diesem Psalm sagt David, dass Gott ihn »aus der Grube des Verderbens, aus dem schmutzigen Schlamm« gezogen hat. So fühlt sich das Leben manchmal an, oder? Als würden wir in einer dunklen, stinkenden, schlüpfrigen, schleimigen Grube stecken. Als gäbe es keinen Ausweg. Aber David sagt, dass Gott ihn aus der Grube gezogen und seine Füße auf einen Fels, auf ein festes Fundament, gestellt und seine Schritte fest gemacht hat. Kein Schleim mehr. Kein Schlamm mehr. Kein wackliger Boden mehr. Und in diesem Moment singt David ein neues Loblied über Gottes erlösende Liebe.

Fröhliche Bäume

Im Leben läuft nicht immer alles nach Plan. Wir Menschen sind zerbrechliche Wesen. Jesus verheißt uns kein Leben ohne Probleme, aber er verheißt uns, dass er mit uns durch alles hindurchgehen wird, egal was geschieht, auch wenn wir nie wissen, wo uns der nächste Schritt hinführen wird. Als ich klein war, sagte meine Mutter immer: »Gib heute nicht auf. Morgen ist ein neuer Tag.« Du weißt nie, was der morgige Tag bringen wird.

Als mein Bruder und ich noch in der Mittelstufe waren, schauten wir gerne eine bestimmte Fernsehsendung an, in der es um Kunst ging. Mein Bruder und ich sind zwar einigermaßen kreativ, aber wir sind keine Kunstliebhaber. Keiner von uns kann malen oder bildhauerisch gestalten oder weiß diese Dinge (ganz offen gesagt) überhaupt zu schätzen. Aber hier ging es nicht um gewöhnliche Kunst; es ging um Kunst, die wirklich spektakulär war.

Die Sendung hieß *The Joy of Painting* (Die Freude am Malen), mit dem Künstler Bob Ross. Er war ein interessant aussehender Typ. Er hatte eine gewaltige Afro-Frisur (ziemlich beeindruckend bei einem Weißen – sollten wir sie vielleicht Weifro nennen?) und trug normalerweise nur halb zugeknöpfte Hemden und Jeanshosen mit Schlag. Schick. Und die Sendung war einfach, denn Bob brachte den Zuschauern bei, so zu malen wie er. Er begann immer mit einer weißen Leinwand und verbrachte dann dreißig Minuten damit, ein Bild zu malen und währenddessen die Schritte zu erklären, angefangen von den Pinseln und Pinselstrichen, die er einsetzte, bis hin zu den Farben, Techniken und der Inspiration für das Werk. Normalerweise malte er Naturmotive mit Bergen, Seen, Flüssen, Bächen, Hügeln und Wolken. Ich weiß, das klingt nicht so besonders, aber Bob war Meister darin, Kunst zu etwas Spektakulärem zu machen.

Er hatte eine Art an sich, mit der er dich in eine Art Trance versetzte und dich in das Gemälde einlud. Seine Stimme war leise, fast so als hätte er Angst, er könnte mit einer zu lauten Stimme vielleicht die Farbe verschrecken. Fast im Flüsterton gab er dir Informationen über sein Gemälde und sagte dabei ständig Dinge wie: »Vielleicht lebt dort ein fröhlicher kleiner Stein. Wir setzen hier jetzt noch eine Wolke hin. Hier ist so ein fröhlicher kleiner Kerl.« Bobs Stimme hatte den friedvollsten Klang auf der ganzen Welt.

Mein Bruder und ich schauten vom Anfang bis zum Ende dabei zu, wie Bob eine weiße Leinwand in eine majestätische Gebirgskette mit einem kristallklaren See im Vordergrund verwandelte. Den Himmel malte er in den Farben des Sonnenuntergangs und in unseren Augen wäre das Bild schon fertig gewesen. Das Motiv war reizend, sogar inspirierend. Aber die Sendung war noch nicht vorbei. Aus dem Nichts heraus sagte Bob etwas wie: »Hmm. Irgendetwas fehlt noch.« Und ohne Vorwarnung nahm er dann schwarze Farbe und machte einen riesigen Strich mitten durch die Leinwand! Immer wenn er das tat, schrien wir den Fernseher an. »Nein! Mach das nicht! Du machst alles kaputt! Hör auf! Das sah so toll aus!«

Wir wussten einfach, dass Bobs schöne Arbeit umsonst gewesen war. Was tat er? Was dachte er? Hier ein schwarzer Strich, da ein dunkler Fleck. Er verkorkste sein Meisterwerk. Es sah so toll aus und jetzt machte er alles kaputt.

Aber immer dann, wenn alles verloren schien, sagte Bob: »Jetzt setzen wir hier noch einen kleinen fröhlichen Baum hin, und da drüben noch ein paar weitere.« Und mit noch mehr Farbe machte er aus den schwarzen Strichen Bäume. Dann pinselte er ein wenig weiße Farbe an den Rand der dunklen Flecken und verwandelte sie wie von Zauberhand in Büsche am Rand des Sees. Als er schließlich fertig war, fanden wir das Bild noch schöner als ohne die schwarzen Flecken und Kleckse. Die Bäume und Büsche und die zusätzlichen kleinen Striche verliehen dem Motiv mehr Tiefe und Charakter. Sie machten es realer, schöner. Bob machte aus einem fürchterlichen Durcheinander eines der schönsten Kunstwerke, die mein Bruder und ich je gesehen hatten. Wir schauten uns dann immer an und sagen erleichtert »Gott sei Dank hat er nicht auf uns gehört.«

Rückblickend war es dumm, dass wir Kinder Bob Ross, den Meistermaler, in Frage stellten. Aber was wussten wir schon über Malerei? Wer machte uns zu Fachleuten, um sagen zu können, was das Bild noch brauchte oder nicht brauchte? Hatten wir schon jemals Kunst geschaffen?

Jesus nachzufolgen ist ziemlich ähnlich, wie Bob Ross beim Malen zuzusehen. Vielleicht glauben wir, dass unser Leben toll ist, so wie es ist. Vielleicht geht es uns gut und wir glauben, wir hätten alles unter Kontrolle. Vielleicht glauben wir sogar, unser Leben wäre wunderschön. Und dann wird aus dem Nichts ein großer schwarzer Strich über unser Leben gemalt und wir geraten in Panik. »Wo bist du Jesus? Was machst du? Warum lässt du das zu? Du zerstörst mein Leben!«

Aber wenn wir noch ein Weilchen abwarten, sehen wir, dass Gott die ganze Zeit über genau wusste, was er tat. Dieser schwarze Strich war kein Unfall. Gott ist nicht hinter dem Steuer eingeschlafen. Er wusste genau, was er tat. Und er hat uns in unserem Chaos nicht alleingelassen. Gott findet es toll, Dinge zu Ende zu bringen, und wenn er das tut, macht er aus ihnen etwas Wunderschönes.

Du musst wissen: Wo du heute bist, ist nicht unbedingt der Ort, wo du auch morgen sein wirst. Leg dein Leben in Jesu Hände und sieh dann zu, wie er alles in ein Meisterwerk verwandelt. Es ist gut möglich, dass dieser schwarze Strich, der mitten durch dein Leben geht, in den majestätischen Baum verwandelt wird, der deinem ganzen Leben Tiefe und Schönheit verleiht. Denk daran, dass die Dinge nicht immer so sind, wie sie erscheinen. Selbst der Tod ist unserem liebenden Retter nicht gewachsen. Deine Zukunft mag tot erscheinen, doch wie wir beim Sohn der Witwe gesehen haben, macht Gott Totes wieder lebendig.

Die Witwe schien alles verloren zu haben. Aber der erstaunlichste Teil ihrer Geschichte ist, dass sie dem festen Felsen begegnete, auf den sie ihr Leben bauen konnte, der stark genug sein würde gegen Herzschmerz, Kummer und sogar den Tod. Ihr Sohn wurde zum Leben erweckt, aber irgendwann würde er wieder sterben. Doch dann würde das Haus der Witwe nicht mehr auf Sand gebaut sein, sondern auf den Felsen.

TEIL DREI

DER PREDIGER

Johannes der Täufer erfuhr von seinen Jüngern alles, was Jesus tat. Er rief zwei seiner Jünger zu sich und schickte sie zum Herrn, um ihn zu fragen: »Bist du wirklich der, der kommen soll, oder sollen wir auf einen anderen warten?« Die beiden Jünger von Johannes fanden Jesus und sagten zu ihm: »Johannes der Täufer schickt uns, um zu fragen: ›Bist du wirklich der, der kommen soll oder sollen wir auf einen anderen warten?‹ Während sie bei ihm waren, heilte er viele Menschen von ihren Krankheiten, trieb böse Geister aus und gab Blinden ihr Augenlicht zurück. Er gab den Jüngern des Johannes zu Antwort: »Kehrt zu Johannes zurück und berichtet ihm, was ihr gesehen und gehört habt: Blinde sehen, Gelähmte gehen, Aussätzige werden geheilt, Taube hören, Tote werden auferweckt und den Armen wird die gute Botschaft verkündet. Und sagt ihm auch: ›Gott segnet die, die keinen Anstoß an mir nehmen.« Als sie gegangen waren, wandte Jesus sich an die Menge und sagte über Johannes: »Wer ist dieser Mann in der Wüste, den ihr unbedingt sehen wolltet? Kam er euch schwach vor wie ein Schilfrohr, das im Windhauch hin

und her schwankt? Oder habt ihr einen Mann erwartet, der in kostbare Gewänder gehüllt ist? Nein, Leute mit kostbaren Kleidern und verschwenderischer Lebensart wohnen in Palästen, nicht in der Wüste. Oder habt ihr in ihm einen Propheten vermutet? Ja, das ist er, und er ist sogar noch mehr als das. Johannes ist der Mann, von dem die Schrift sagt: ›Ich sende meinen Boten vor dir her, er wird deine Ankunft vorbereiten.‹
Ich sage euch: Von allen Menschen, die jemals gelebt haben, war keiner größer als Johannes. Und doch ist noch der Geringste im Reich Gottes größer als er!«
Als sie das hörten, gaben alle – auch die Steuereinnehmer – zu, dass Gott es gut mit ihnen meinte. Und sie ließen sich von Johannes taufen. Die Pharisäer und die Schriftgelehrten dagegen lehnten den Plan, den Gott für sie hatte, ab, denn sie ließen sich nicht von Johannes taufen. »Wie soll ich die Menschen dieser Generation beschreiben?«, fragte Jesus. »Womit soll ich sie vergleichen? Sie sind wie Kinder, die auf der Straße spielen und sich bei ihren Freunden beklagen: ›Wir haben lustige Lieder gespielt, und ihr wart nicht fröhlich; dann haben wir Klagelieder gespielt, aber ihr wart nicht traurig.‹ Denn Johannes der Täufer trank keinen Wein und fastete oft, und von ihm sagt ihr: ›Er ist von einem Dämon besessen.‹ Der Menschensohn feiert und trinkt, und von ihm sagt ihr: ›Er ist ein Schlemmer und Säufer, und die schlimmsten Leute sind seine Freunde!‹ Doch die Weisheit erweist sich als richtig im Leben derer, die sie befolgen.«

Lukas 7,18–35

KAPITEL 7

JOHANNES, DER ZWEIFLER

Johannes der Täufer erfuhr von seinen Jüngern alles, was Jesus tat. Er rief zwei seiner Jünger zu sich und schickte sie zum Herrn, um ihn zu fragen: »Bist du wirklich der, der kommen soll, oder sollen wir auf einen anderen warten?«

Lukas 7,18–19

Ertrinkende

Als ich nach dem College von Cleveland (Tennessee) nach Miami zurückzog, brauchte ich ein Hobby und dachte, Tauchen würde gut passen. Eines der Dinge, die ich an Miami am liebsten mag, ist das Wasser. Die Stadt liegt direkt am Rand des mächtigen Atlantiks, und beheimatet einige der besten Tauchspots auf der ganzen Welt. Als Teenager ging ich immer gerne Schnorcheln. Es war so friedlich, sich auf dem Wasser treiben zu lassen und sich unten die schönen Korallenriffe anzusehen. Was soll ich sagen? Das Meeresleben hat mich schon immer fasziniert, wahrscheinlich wegen meiner tiefsitzenden Liebe zu *Arielle, die Meerjungfrau* – zum Film, nicht zur Meerjungfrau. Ernsthaft, das Lied vom Soundtrack »Part of Your World« ist für mich ein ewiger Top-Ten-Song. (Was du davon hältst, ist mir egal.) Da ich weder Kiemen noch Flossen habe, dachte ich, Tauchen wäre das Nächstbeste.

Es ist nicht schwer, einen Tauchschein zu bekommen, aber es dauert eine Weile. Erst mal brauchst du eine Ausrüstung. Und ernsthaft, das ist für mich der liebste Teil jeder sportlichen Aktivität. Mein Haus ist voll mit den Ausrüstungen vergangener Hobbys – Radfahren, Jagen, Basketball. Es geht nie darum, wie gut man ist. Nur wie gut man dabei aussieht. Und ich sah gut aus – zumindest so gut, wie ein Mann im Neoprenanzug und mit Tauchermaske eben aussehen kann. Ich sorgte dafür, dass ich das schickste und coolste Zubehör hatte. Wenn Apple ein Manometer für Taucher hätte, hätte ich es gekauft (das »iMano« – nichts zu danken, liebes Apple-Team).

Wenn du erst einmal die ganze Ausrüstung gekauft und herausgefunden hast, wie man das alles anzieht, ist schon der halbe Kampf gewonnen. Dann kommt der schwierigere Teil, die Sportart tatsächlich zu erlernen. Zum Tauchen gehört auch ein Eingangstest. Der erste Teil besteht aus einer schriftlichen Prüfung. Man liest ein Buch und beantwortet ein paar Fragen dazu. Kinderkram.

Aber die wirkliche Frage ist, ob du die Informationen auch anwenden kannst, also gehst du für den zweiten Teil der Prüfung unter Wasser, aber in einem geschützten Umfeld, einem Schwimmbecken. Dort lernst du, wie man die Ausrüstung zusammenbaut, wie man die Maske saubermacht, wie man den Druckausgleich macht.

Nach ein paar Stunden im Schwimmbecken war es Zeit für die echte Praxis. Das Meer. Unser Kurs musste zwei Tauchgänge vollständig abschließen, um den Tauchschein zu bekommen. Wir schwammen vom Strand bis zum Riff, wo der Tauchgang stattfinden sollte. Unser erster Tauchgang lief perfekt.

Der zweite war eine andere Geschichte. In unserem Kurs waren ungefähr fünfzehn Teilnehmer. Wir schwammen los zum Riff und waren knapp vierzig Meter vom Strand entfernt, als wir einen Schwimmer sichteten, der sich auf und ab bewegte. Er war in Panik und schrie mit rudernden Armen um Hilfe, während sein Kopf immer wieder unter- und auftauchte. Ohne Zögern schwamm unser Tauchlehrer schnurstracks auf ihn zu. Ich habe noch nie jemanden so schnell schwimmen gesehen. Der Kerl war wie *Aquaman*.

Als unser Lehrer zu dem Ertrinkenden kam und ihm helfen wollte, stieß der Mann ihn weg. Das geschah noch einmal, und jetzt war das Gesicht des Schwimmers kaum mehr über Wasser. Noch einmal griff unser Tauchlehrer nach dem Mann und dieses Mal griff auch der Mann zu. Genau genommen packte er unseren Tauchlehrer und zog ihn unter Wasser. Erschrocken sahen wir zu. Keiner wusste, was er tun sollte. Der Schwimmer tat, was er konnte, um über Wasser zu bleiben, aber dabei drückte er denjenigen, der versuchte, ihn zu retten, unter Wasser.

Schließlich gewann der Lehrer wieder die Oberhand. Er rief: »Beruhige dich, sonst werden wir beide ertrinken!« Durch die Gnade Gottes beruhigte sich der Schwimmer und mein Lehrer brachte ihn ans Ufer zurück.

Ich weiß noch, dass ich viel später an dieses Ereignis zurückdachte und spürte, wie Gott dadurch zu mir sprach: »Rich, genauso sehen viele meiner Menschen aus.« Ohne Jesus sind wir alle Ertrinkende, und wenn du ertrinkst, brauchst du jemanden, der dich rettet. Du brauchst keinen, der dir ein Buch über Schwimmtechniken zuwirft. Für solch ein Lehrbuch ist es dann zu spät. Wenn du nicht schwimmen kannst und ertrinkst, brauchst du jemanden, der dich rettet. Du brauchst den Retter.

Viele von uns wissen, dass Jesus kam, um uns zu retten, aber aus irgendeinem Grund geraten wir in Panik und tun, was wir können, um uns selbst zu retten, anstatt ihn die Arbeit machen zu lassen. Wir vergessen, dass wir nicht schwimmen können. Aber im Grunde genommen können wir nichts tun, um uns selbst zu retten. Entweder lassen wir uns von Jesus retten oder wir ertrinken.

Einer der menschlichen Selbstrettungsversuche besteht in dem, was wir landläufig »Religion« nennen. Woran denkst du, wenn du dieses Wort hörst? Christentum? Islam? Judentum? Gebete? Heilige Schriften? Priester? Gewänder? Vielleicht bringt das Wort *Religion* gute Gedanken in dir hoch. Vielleicht auch nicht. Vielleicht wurdest du von einer Religion verletzt oder vielleicht hältst du jeden religiösen Menschen für verrückt. Es ist schwer zu bestimmen, was Religion bedeutet, weil das Wort für jeden etwas anderes bedeutet. Ich sage mal, was ich unter diesem Wort verstehe: Religion ist ein Glaube und ein Verhalten, das auf einer menschlichen Vorstellung von Gott beruht.

Religion kann etwas Gutes sein. Wenn jemand glaubt, dass Gott existiert, ist es sinnvoll, dass sein Verständnis vom Leben und sein Verhalten von seinem Gottesverständnis geprägt werden. Und in vielen Fällen kann das etwas Gutes sein. Aber wie bei den anderen Sandburgen, die wir uns schon angesehen haben, kann es sein, dass die Religion dem Gewicht des Lebens nicht standhält. Sie kann wie ein Handbuch zum Schwimmenlernen sein – voll hilfreicher Wahrheiten und Tipps. Aber wenn du gerade ertrinkst und nicht schwimmen kannst, ist es nicht sehr hilfreich

Religion behauptet auch: »Wenn ich allen Regeln Gottes gehorche, wird Gott auf mich aufpassen.« Darum versuchen wir, gehorsam zu sein. Wir strengen uns wirklich an. Und manchmal gelingt es uns auch ganz gut. Aber letzten Endes macht Religion uns nicht stolz auf Gott. Sie macht uns stolz auf uns selbst. Und irgendwann fangen wir dann an zu glauben, dass wir für Gott gut genug sein können. Wir überzeugen uns selbst davon, dass das Einhalten von Regeln und ritueller Gehorsam Schaden von uns abwenden wird.

Irgendwann sind die meisten von uns versucht, ihr Leben auf Religion zu bauen. Sobald wir anfangen, Dinge über Gott zu glauben, kommen wir in die Versuchung, unseren Glaubensüberzeugungen mehr Bedeutung beizumessen als unserem Gott selbst. Sogar die Besten unter uns können in diese Falle tappen. Selbst die treusten Anhänger Jesu standen vor dieser Versuchung.

Johannes der Täufer

Die dritte unserer vier Geschichten in Lukas 7 ist eine der faszinierendsten in der ganzen Bibel. Es geht wie in den vorigen beiden Geschichten um einen Menschen, der einen Tiefpunkt erlebt und fast hoffnungslos ist. Dann taucht Jesus auf und tut das, was keiner erwartet hat. Aber anders als in den anderen beiden Geschichten geht es hier um jemanden, den wir kennen. Nicht um einen namenlosen römischen Hauptmann oder eine unbekannte jüdische Witwe. Und für Jesus war er sogar ein Familienmitglied. Lukas 7,18–35 handelt von Johannes dem Täufer. Vielleicht hast du eine Lieblingsfigur in der Bibel. Johannes der Täufer führt bei mir die Liste an (abgesehen von Jesus natürlich – du kannst ganz beruhigt sein).

Johannes und Jesus waren Cousins. Kannst du dir vorstellen, Jesus als Cousin gehabt zu haben, als du klein warst? Du hättest dir um nichts Sorgen machen müssen! Du hättest einfach das gemacht, worauf du Lust gehabt hättest, und wenn dir jemand in die Quere gekommen wäre, hättest du nur gesagt: »Hast du ein Problem? Willst du, dass ich Jesus rufe? Du hast ja gesehen, was er mit dem Feigenbaum gemacht hat, oder?« (Wenn ich jetzt so darüber nachdenke, war es wohl besser, dass Jesus nicht mein Cousin war, als ich klein war.)

Johannes hatte eine Verheißung und eine Bestimmung. Vielleicht erinnerst du dich an den übernatürlichen Anfang seines Lebens, den Bericht aus Lukas 1. Sein Vater war ein jüdischer Priester mit dem Namen Zacharias. Wir kennen sein genaues Alter nicht, aber in der Bibel steht, dass er »sehr alt« war. Zacharias und seine Frau Elisabeth hatten keine Kinder, und das nicht, weil sie in einer Eigentumswohnung am Mittelmeer auf großem Fuß lebten. Elisabeth konnte keine Kinder bekommen.

Eines Tages, als Zacharias im Tempel war und das machte, was ein Priester eben so tat, erschien ihm ein Engel. Zacharias erschrak zu Tode. (Die Engel in der Bibel waren äußerst furchteinflößend. Lies selber nach.) Der Engel sagte zu Zacharias, er solle sich nicht fürchten, und er sagte, dass Zacharias und Elisabeth einen Sohn bekommen würden und ihn Johannes nennen sollten. Der Engel sagte, Johannes werde seine Eltern »überglücklich« machen und viele Menschen würden sich bei seiner Geburt mit Zacharias freuen, denn Johannes »wird in den Augen des Herrn groß sein«. Der Engel sagte auch, dass Johannes abgesondert leben und schon vor seiner Geburt mit dem Heiligen Geist erfüllt sein werde. Und vor allem sagte der Engel, dass Johannes das Volk Israel zur Buße aufrufen werde, um sie für das Erscheinen des Messias vorzubereiten. Johannes würde also etwas ganz Besonderes sein.

Anstatt Gott zu danken oder dem Engel fünf zu geben oder wenigstens zu lächeln, fragt Zacharias: »Wie kann ich sicher sein?« Mit anderen Worten sagt unser Kumpel hier, seinen Blick fest auf den Engel des allmächtigen Gottes gerichtet: »Ja klar, lieber Engel. Beweis es mir.« Also sagt der Engel zu Zacharias, dass er wegen seines Zweifels erst wieder sprechen könne, wenn Johannes geboren sei. Also spaziert der arme, stumme Zacharias total aufgeregt aus dem Tempel, kann aber kein Wort sagen. In der Bibel steht, dass er versuchte, mit Händen und Füßen das mitzuteilen, was er gesehen und gehört hatte, aber die meisten Menschen konnten ihn nicht verstehen. Das muss die frustrierendste Pantomime aller Zeiten gewesen sein!

Nun, die Zeit vergeht und siehe da, Elisabeth wird schwanger, genau wie der Engel es gesagt hatte. Ein paar Monate später in dieser Schwangerschaft bekommt Elisabeth Besuch von Maria, die mit Jesus schwanger ist. In der Bibel steht, dass Johannes »im Bauch seiner Mutter hüpfte« und Elisabeth mit dem Heiligen Geist erfüllt wurde, als sie Marias Stimme hörte. Sie rief laut: »Du bist von Gott gesegnet vor allen anderen Frauen, und gesegnet ist auch dein Kind!« Ziemlich cool. Johannes der Täufer pries Jesus, während sie beide noch im Bauch ihrer Mütter waren.

Nach der Geburt von Johannes nahm sein Eifer für Gott zu. Er war hingebungsvoll und diszipliniert. Ihm war es nicht wichtig, den Menschen zu gefallen, sondern nur Gott. Er zog hinaus in die Wüste und begann zu predigen. Einen schönen Tempel und eine auffällige Website zu haben – vergiss es! Er hatte etwas viel Besseres: ein Wort vom Herrn. Die Menschen kamen von überallher, um diesen Typen predigen zu hören. Und sie hörten nicht nur zu, sie reagierten mit Buße und Taufe.

An Johannes gab es nichts Normales. »Abnormal« ist noch gelinde ausgedrückt. Johannes lebte in der Wüste und trug Kleidung aus Kamelhaar (ziemlich kratzig?) mit einem Ledergürtel, der um seine Taille geschlungen war. Und was seine Ernährung anbelangte, war Johannes auf so etwas wie Steinzeitdiät: Unmengen an Heuschrecken und wilder Honig. Köstlich! Immerhin ohne viele Kohlenhydrate, also war er wohl ziemlich schlank. Ein echter Wilder!

Johannes war nicht daran interessiert, irgendjemanden zu beeindrucken, und er hatte keine Angst, der »Schickimicki-Szene« zu nahe zu treten. Menschliches Marketing spielt keine große Rolle, wenn man Gottes Siegel trägt. Johannes sprach mit einer solchen Leidenschaft und Autorität, dass er die Mächtigen nervös machte. Einmal bezeichnete er die Pharisäer und Sadduzäer, die ihn predigen hören wollten, als »Schlangenbrut«. Mit anderen Worten, er bezeichnete sie als eine Gruppe glitschiger Schlangen. Keine tolle Art, Freunde zu gewinnen. Aber Johannes wollte auch gar keine Freunde gewinnen. Er folgte nur mutig und treu dem Ruf Gottes auf seinem Leben.

Johannes kannte seine Bestimmung. Er war der Wegbereiter des Messias. Das war eine gewaltige Sache. Im Alten Testament kündete Gott durch den Propheten Maleachi an, dass er den Propheten Elia (der schon lange tot war) schicken würde, bevor der

Tag des Herrn käme. Jüdische Rabbiner hatten oft über die Bedeutung dieser Prophetie diskutiert, daher waren sie fasziniert, als Johannes auftauchte und Buße und Umkehr zu Gott predigte. Sie wussten, was Maleachi 3,24 über Elia verhieß: »Er wird die Herzen der Väter ihren Kindern und die Herzen der Kinder ihren Vätern zuwenden.« Die Rabbis wussten allerdings nicht, dass der Engel ähnliche Worte über Johannes gesagt hatte:

»Und er wird viele Israeliten dazu bringen, sich wieder dem Herrn, ihrem Gott, zuzuwenden. Er wird ein Mann mit dem Geist und der inneren Kraft des Propheten Elia sein, der dem Herrn vorausgeht und das Volk auf seine Ankunft vorbereitet. Er wird die Herzen der Väter ihren Kindern zuwenden und die Ungehorsamen dazu bewegen, sich der göttlichen Weisheit zu öffnen.« – Lukas 1,16–17

Könnte Johannes der verheißene Elia sein?, fragten sich die Rabbis. Als sie den Täufer befragten, wer er sei, sagte er ihnen, er sei nicht der Messias. Er sagte nur: »Ich bin eine Stimme, die in der Wüste ruft: ›Ebnet den Weg für das Kommen des Herrn!‹« (Joh 1,23).

Die Botschaft von Johannes dem Täufer war einfach und die Menschenmengen um ihn herum nahmen zu. Er rief die Menschen zur Buße und sie hörten auf ihn. Als ein Zeichen der Veränderung in ihren Herzen sollten sie sich im Wasser taufen lassen. Und sie taten es. Der Dienst boomte. Johannes war der Leiter und seine Jünger entwickelten sich.

Eines Tages, als Johannes gerade predigte, sah er Jesus und rief sofort: »Seht her! Da ist das Lamm Gottes, das die Sünde der Welt wegnimmt!« (Joh 1,29). Aber Jesus kam an jenem Tag nicht zu Johannes, um von ihm angebetet zu werden. Er kam, um getauft zu werden. Johannes, der glaubte, dass Jesus der Messias, der Retter der Welt war, versuchte, die Situation abzuwehren. Wäre es dir anders ergangen? Jesus war ohne Sünde. Warum sollte er getauft werden müssen? Johannes sagte Jesus, dass Jesus vielmehr *ihn* taufen solle. Doch Jesus bestand darauf, also gehorchte Johannes.

Als Jesus nach der Taufe aus dem Wasser stieg, geschah etwas Erstaunliches. Der Himmel öffnete sich und der Heilige Geist kam in Gestalt einer Taube auf Jesus herab. Dann verkündete eine Stimme vom Himmel: »Dies ist mein geliebter Sohn, an ihm habe ich große Freude« (Mt 3,17). Ich habe keine Ahnung, wie Gottes hörbare Stimme klingt. Ich stelle sie mir vor wie die von Mufasa aus *König der Löwen*. Aber egal wie sie klang, das war ein Moment der Bestätigung. Von den Menschen, die bei Jesu Taufe anwesend gewesen waren, bestritt jetzt keiner mehr, wer Jesus war. Er war der Sohn Gottes. Johannes wusste das. Darum sagte er irgendwann später, als der Dienst Jesu wuchs und die Menschen Johannes dazu befragten: »[Jesus] muss immer größer werden und ich immer geringer« (Joh 3,30). Johannes wusste Bescheid.

Johannes, der Zweifler

Der Johannes der Täufer, den ich in der Sonntagsschule kennenlernte, war stark, zuversichtlich, mutig, entschlossen, furchtlos und treu. Er war ein Prophet. Er lebte in der Wüste und trug Kleidung aus Kamelhaar, und er aß Heuschrecken. Um Gottes willen! Aber in Lukas 7 sehen wir eine andere Seite von Johannes. Statt Johannes dem Täufer, einem Glaubenshelden, begegnen wir Johannes dem Zweifler.

In Lukas 7 schmachtet Johannes im Gefängnis. Er ist dort gelandet, weil er zur Wahrheit stand. Das war Johannes' Ding, weißt du noch? Die freundliche Wahrheit oder die harte Wahrheit, Propheten sagen einfach die Wahrheit. Manchmal wollen die Leute die Wahrheit gar nicht hören, vor allem wenn die Wahrheit einen politischen Leiter bloßstellt, der eine Affäre mit seiner Schwägerin hat und deren Ehe zerstört und sie dann heiratet. Kann man das einen »Skandal« nennen? Du wusstest gar nicht, dass so was in der Bibel steht, oder? Sei ehrlich.

Zur Zeit von Johannes gab es einen König, der Herodes hieß. Er war der Sohn des Herodes, der versucht hatte, Jesus töten zu lassen, als Jesus noch ein Baby war. Der jüngere Herodes, auch bekannt unter dem Namen Herodes Antipas, hatte seine eigene Nichte Herodias geheiratet, die rein zufällig die Frau seines Bruders gewesen war. Nette Familie.

Johannes der Täufer wusste Bescheid über diese ganzen Reality-TV-Beziehungen und nannte die Dinge beim Namen. Und zu Herodes sagte Johannes persönlich: »Es ist gegen das Gesetz, dass du sie geheiratet hast« (Mt 14,4). Herodes wurde wütend und wollte Johannes umbringen, aber er hatte Angst, weil das Volk Johannes als einen Propheten betrachtete. Also verhaftete er Johannes und warf ihn ins Gefängnis.

Jetzt wird es noch verrückter. Während Johannes im Gefängnis ist, hat Herodes wieder einmal Geburtstag. Bei seiner Geburtstagsfeier tanzt Herodias' Tochter (Herodes' Stieftochter) für die Gäste. Wir wissen nicht, was für ein Tanz das war, aber er muss ziemlich beeindruckend gewesen sein. In der Bibel steht, dass er Herodes so sehr gefiel, dass er seiner Stieftochter versprach, ihr alles zu geben, was sie wollte, bis hin zur Hälfte seines Königreichs. Nur für den Fall, dass du nicht aufgepasst hast: Herodes' Stieftochter tanzt für ihn und seine Jungs bei seiner Geburtstagsfeier und er wird so scharf, dass er sagt, er würde ihr alles geben, bis zur Hälfte seines Besitzes. (Wer ruft bitte mal das Jugendamt an?)

Sie läuft dann zu ihrer Mutter, um sie zu fragen, worum sie bitten soll. Ihre Mutter weiß genau, um was: den Kopf von Johannes dem Täufer auf einem Tablett. Darum bittet sie Herodes also und es ist beschlossene Sache (siehe Mt 14,6–11).

Diese inzestuöse, wilde Tanz-Geburtstags-und-Enthauptungs-Fete dämmert also am Horizont, als Johannes im Gefängnis schmachtet. Dort beginnt er, sich Gedanken zu machen. Hier ist er, ein Prophet des allmächtigen Gottes, ein Leuchtfeuer der Wahrheit, ein treuer Diener Gottes und der Mann, der den Weg für das Erscheinen des Messias ebnete. Johannes wusste, dass es seine Aufgabe war, zuerst den kommenden Messias anzukündigen und dann, dass der Messias jetzt hier war – das »Lamm Gottes, das die Sünde der Welt wegnimmt« (Joh 1,29). Jesus, der Messias, war nun da und demonstrierte übernatürliche Kraft. Aber Johannes schmachtet in einem dieser schrecklichen römischen Gefängnisse und beginnt, ernsthafte Zweifel daran zu haben, dass Jesus der Messias ist.

Die Umstände können uns möglicherweise vergessen lassen, was wir für wahr halten. Aber gehen wir mit Johannes nicht zu streng ins Gericht. Es ist oft schwer zu wissen, was wir wirklich glauben, bis eine Krise kommt. Wenn du deinen Glauben noch nie in Frage gestellt hast, hast du wahrscheinlich noch nicht viele Schwierigkeiten erlebt.

Wenn wir in meiner Gemeinde jemanden für eine Leiterposition in Betracht ziehen, wissen wir gerne, ob der- oder diejenige in seinem oder ihrem Leben schon durch schwere Zeiten gegangen ist – den Tod eines Angehörigen, finanzielle Schwierigkeiten, Krankheit oder andere Dinge dieser Art. Wir wollen das nicht wissen, weil wir gern rührselige Geschichten hören, sondern weil es schwer ist zu wissen, ob jemand etwas wirklich glaubt, wenn er oder sie nicht auch in schweren Zeiten an seinem oder ihrem Glauben festgehalten hat.

Wenn du noch nie geprüft wurdest, kann dir dann etwas anvertraut werden? Menschen, die mir sagen, sie hätten ihren Glauben noch nie angezweifelt, sind normalerweise Menschen, sie noch nie in einem ernsten Kampf gewesen sind. Sie haben noch keine Schnitte und Prellungen abbekommen. Wenn Menschen schlimm genug getroffen werden, beginnen sie sich zu fragen, ob all das, was sie über Gottes Liebe und seine Fürsorge für sie zu wissen meinten, wirklich wahr ist.

Schau dir zwei von Jesu eigenen Jüngern an. Petrus war sich seiner Hingabe an Jesus absolut sicher und sagte Jesus, er würde ihm überallhin folgen, selbst wenn das den Tod für ihn bedeuten würde. Aber als Jesus verhaftet wurde und Petrus bewusst wurde, dass Jesus gekreuzigt werden würde, bekam Petrus Angst. Er bekam sogar solche Angst, dass, als ein kleines Mädchen ihn fragte, ob er einer von Jesu Jüngern sei, er leugnete, Jesus überhaupt zu kennen.

Und was ist mit Thomas? Ich habe Mitleid mit Thomas. Der Name des armen Kerls ist jetzt ein Synonym für *Unsicherheit*, *Skepsis* und *Unentschlossenheit*. Und er ist einer der wenigen Jünger, denen noch zweitausend Jahre später ein Spitzname anhaftet: »der zweifelnde Thomas«.

Nach Jesu Tod und Auferstehung kamen alle Jünger zusammen, um Jesus wiederzusehen. Alle hatten den auferstandenen Jesus bereits gesehen, bis auf Thomas. Als die Jünger Thomas erklärten, dass Jesus am Leben war, glaubte er ihnen nicht. Hättest du ihnen geglaubt? Thomas wusste, dass Jesus gestorben war. Wie konnte ein Toter lebendig sein? Thomas sagte ihnen: »Das glaube ich nicht, es sei denn, ich sehe die Wunden von den Nägeln in seinen Händen, berühre sie mit meinen Fingern und lege meine Hand in die Wunde an seiner Seite« (Joh 20,25). Thomas' Glaube wurde gewaltig geprüft, und er zweifelte.

Täusche dich nicht. Wir werden alle von Zweifeln versucht, selbst die Menschen, die Jesus am nächsten standen. Johannes hat sich vielleicht sogar gefragt: »Wo ist Jesus? Er würde mich sicher nicht einfach hier zurücklassen. Warum hat er mich nicht aus dem Gefängnis herausgesprengt? Warum braucht er so lange? Vielleicht weiß er gar nicht, dass ich hier bin. Vielleicht ist er noch nicht einmal der echte Messias.«

Es ist einfach zu glauben, dass Jesus für dich ist, wenn alles gut läuft, aber wenn es nicht so gut läuft, können Zweifel aufkommen. Und Fragen.

Wenn Jesus gut ist, warum passieren mir dann so schlimme Sachen? Wenn Jesus mich liebt, warum hat mein Vater mich dann verlassen? Wenn Jesus mich liebt, warum habe ich dann meinen Job verloren? Wenn Jesus allmächtig ist, warum wurde ich dann missbraucht?

Viele von uns sitzen in ihren eigenen Gefängniszellen und stellen sich dieselbe Frage wie Johannes: Ist Jesus wirklich der, für den ich ihn gehalten habe?

Geht und fragt ihn

Am Ende hielt Johannes der Täufer es nicht mehr aus. Er saß schon so lange im Gefängnis, dass er wissen musste, ob Jesus wirklich der echte Messias war. Darum rief er zwei seiner Jünger zu sich und bat sie, Jesus eine einfache Frage zu stellen: »Bist du wirklich der, der kommen soll, oder sollen wir auf einen anderen warten?« (Lk 7,19). Mit anderen Worten: »Jesus, bist du nun der echte Messias oder nicht?« Die Jünger von Johannes müssen sprachlos gewesen sein, als Johannes das sagte. Sie haben ganz sicher protestiert.

»Was meinst du damit: ›Geht und fragt Jesus, ob er der Messias ist‹? Im Ernst, Johannes? Wir sind dir in der heißen Wüstensonne hinterhergestapft und haben Heuschrecken gegessen, während du über den Messias gepredigt hast. Und jetzt zweifelst du das alles an?«

»Johannes, weißt du nicht mehr, als du Jesus das erste Mal gesehen und gesagt hast, dass du nicht würdig bist, ihm die Riemen seiner Sandalen zu lösen? Weißt du nicht mehr, wie du gesagt hast, dass Jesus mit dem Heiligen Geist und mit Feuer taufen würde? Erinnerst du dich nicht mehr daran, dass du Jesus getauft hast und sich dabei der Himmel öffnete und Gott selbst sagte, Jesus sei sein Sohn? Und jetzt willst du, dass wir zu Jesus gehen und ihn fragen, wer er ist? Das ist echt peinlich!«

Vermutlich hat Johannes die beiden angesehen und gesagt: »Ich weiß, Jungs, aber ich bin hier drinnen und ihr seid da draußen.«

Es ist einfach zu glauben, wenn man frei von ernsten Schwierigkeiten ist, aber wenn man gefangen ist und keine Hoffnung in Sicht ist, können Zweifel auftauchen und mit ihnen all diese aufwühlenden Fragen.

Fragen

Ich habe gelernt, dass Fragen Gott keine Angst machen, aber dass sie uns natürlich beherrschen können. Manchmal braucht es nur eine klitzekleine Frage, um den Glauben eines Menschen wie Sand zerbröseln zu lassen. Ich denke, Satan weiß das und nutzt es zu seinem Vorteil. Das macht er schon seit dem Garten Eden, wie wir in 1. Mose 3,1–7 nachlesen können.

Gott schuf die Welt und er machte sie gut. Er machte einen wunderschönen Garten und setzte einen Mann (Adam) und eine

Frau (Eva) hinein. Es war das Paradies auf Erden. Der Mann und die Frau erhielten die Aufgabe, sich die Erde zu unterwerfen und Herrschaft über sie auszuüben. Sie hatten die gesamte Gewalt über Gottes Schöpfung. Es gab nur eine einzige Regel: Esst nicht von dem Baum in der Mitte des Gartens.

Eines Tages, als Eva an dem Baum vorbeikam, sprach die Schlange zu ihr und verführte sie dazu, von diesem Baum zu essen. In der folgenden Unterhaltung zwischen Eva und der Schlange kann ich mir vorstellen, dass Eva anfing, Gottes Plan in Frage zu stellen: »Es ist schwer, sich genau an das zu erinnern, was Gott über diesen Baum gesagt hat. Wir reden so viel miteinander. Vielleicht hat er ja gar nicht gesagt, dass wir *nie* davon essen dürfen. Vielleicht sollten wir einfach warten, bis wir bereit wären, davon zu essen. Vielleicht meinte er, dass es bestimmte Zeiten gäbe, an denen wir nicht davon essen sollten. Wie er wohl schmeckt? Vermutlich ziemlich gut, so wie alles andere, was Gott gemacht hat. Enthält Gott uns irgendetwas vor? Will er wirklich das Beste für uns oder behält er das Beste für sich? Ein wenig davon kosten wird sicher nicht schaden.«

Den Rest der Geschichte kennst du. Seitdem sind die Jahrhunderte ins Land gezogen, aber Satan benutzt immer noch dieselbe Strategie. Er verführt uns damit, Dinge in Frage zu stellen, von denen wir bereits wissen, dass sie wahr sind. Und wenn die Umstände am schlimmsten sind, wenn die Fragen oft ganz schwer zu beantworten sind, können die Fragen zu Zweifeln werden.

Johannes der Täufer war sich so sicher gewesen, wer Jesus ist, doch seine leidvollen Umstände ließen ihn diese Sicherheit in Frage stellen. Es war nicht so, als hätte er aufgehört zu glauben. Er war sich nur nicht mehr so sicher wie früher. Es gibt einen großen Unterschied zwischen Zweifel und Unglauben. Unglauben ist das Gegenteil von Glauben. Zweifel ist kein Unglaube. R. C. Sproul schreibt in seinem Buch *Doubt and Assurance* (Zweifel und Gewissheit) über diese wichtige Unterscheidung: »Daher existiert ein überaus wichtiger Unterschied zwischen der unvoreingenommenen Ungewissheit des Zweifels und der voreingenommenen Gewissheit des Unglaubens.« Der Zweifel bleibt offen für Gottes Führung und Unterweisung. Der Unglaube hat sich gegen Gott entschieden. Johannes zweifelte. Und ich kann mich damit identifizieren. Aber Jesus hat Johannes mit seinen Zweifeln nicht alleingelassen. Er hat darauf reagiert.

KAPITEL 8

SEI GESEGNET

Die beiden Jünger von Johannes fanden Jesus und sagten zu ihm: »Johannes der Täufer schickt uns, um zu fragen: ›Bist du wirklich der, der kommen soll oder sollen wir auf einen anderen warten?‹ Während sie bei ihm waren, heilte er viele Menschen von ihren Krankheiten, trieb böse Geister aus und gab Blinden ihr Augenlicht zurück. Er gab den Jüngern des Johannes zu Antwort: »Kehrt zu Johannes zurück und berichtet ihm, was ihr gesehen und gehört habt: Blinde sehen, Gelähmte gehen, Aussätzige werden geheilt, Taube hören, Tote werden auferweckt und den Armen wird die gute Botschaft verkündet. Und sagt ihm auch: ›Gott segnet die, die keinen Anstoß an mir nehmen.‹«

LUKAS 7,20–23

Gott ist nicht der Copilot

Ich bin ein Kontrollfreak. Ich hasse es, das Gefühl zu haben, dass eine Situation mir aus den Händen gleitet. Ganz egal, um welche Situation es sich handelt. Ich gerate ein wenig in Panik, wenn ich sie nicht unter Kontrolle habe. Meine Frau weiß das und darum fahre immer ich Auto. Das ist unverhandelbar. Wenn DawnCheré und ich irgendwo hinfahren, sitze ich auf dem Fahrersitz. Warum? Weil ich eine Zukunft und eine Hoffnung habe und nicht will, dass sie mir das vermasselt! Wenn wir einen Unfall haben sollten, will ich hinter dem Steuer sitzen. Ich liebe meine Frau, aber ich bin nicht bereit, mein Leben auf ihre Fahrkünste zu verwetten. (Es wäre übrigens sehr nett, wenn du das ihr gegenüber nie erwähnen würdest.)

Ich sagte schon, dass ich viel fliegen muss. Allein mit American Airlines habe ich schon über zwei Millionen Meilen zurückgelegt und die Zahl steigt jedes Jahr weiter. Dennoch fühle ich mich beim Fliegen immer noch nicht völlig wohl. Ich bin kein Pilot. Ich weiß fast nichts darüber, wie man ein Flugzeug fliegt. Ich weiß genau, dass wenn es in der Luft ein Problem gibt, wir nicht einfach an die Seite fahren und den Pilot einen Blick auf den Motor werfen lassen können. Wenn es ein Problem gibt, liegen knapp zehntausend Meter dünner Luft zwischen uns und der Sicherheit. Jedes Mal also, wenn ich in ein Flugzeug steige, ist mir bewusst, dass mein Leben vom Piloten abhängig ist. Das ist nicht leicht für mich.

Ich fange dann immer an, mich zu fragen: »Wer ist der Kerl? Wie lange fliegt er schon? Hat er letzte Nacht gut geschlafen? Hat er *überhaupt* geschlafen? Hat er Familie? Liebt er seine Familie? Macht er gerade irgendeine Art von emotionalen Schwierigkeiten durch, wovon ich besser wissen sollte?« Als ich den Film *Flight* mit Denzel Washington gesehen habe, bei dem es um einen Piloten geht, der während der Arbeit trinkt, geriet ich in Panik. »Was ist, wenn ich *so einen* Piloten erwische?« Aber darüber werden die Passagiere nicht informiert. Nur darüber, wann du einsteigen sollst und dass alles gutgehen wird. Meistens begegnest du dem Piloten noch nicht einmal, von der Möglichkeit, ihn über seine Flugerfahrung und mentale Gesundheit auszufragen, ganz zu schweigen. Ich finde das herausfordernd.

Obwohl es mir also schwerfällt, mir keine Sorgen über den Piloten zu machen, ist mir aufgefallen, dass ich, wenn das Flugzeug in Turbulenzen gerät, nie von meinem Sitzplatz aufspringe und den Piloten zu sprechen verlange. Und ich ziehe es auch nie in Betracht, aus dem Flugzeug zu springen. Ich sitze auf meinem Platz, höre auf die Anweisungen des Piloten und tue alles, was er sagt. Denn schließlich ist er der Pilot und nicht ich.

Ich weiß noch, dass der Pilot während eines Fluges mit ziemlich heftigen Turbulenzen sagte: »Um wieder in ruhigere Gefilde zu gelangen, müssen wir höher fliegen.« Ich dachte: »Oh wow! Dieser Pilot hält uns eine Predigt!« In unserem Leben gehen wir alle durch turbulente Zeiten. Für Gläubige, die persönliche Turbulenzen durchleben, besteht die Herausforderung darin, sich daran zu erinnern, dass Gott uns höher bringt. Gott rettet uns nicht bloß und geht dann seines Weges. Er liebt uns, wie wir sind, aber er lässt uns nicht, wie wir sind. Er gestaltet uns, reift uns, stärkt uns, führt uns an neue Orte. Jakobus, der Bruder von Jesus, drückte es so aus:

Liebe Brüder, wenn in schwierigen Situationen euer Glaube geprüft wird, dann freut euch darüber. Denn wenn ihr euch darin bewährt, wächst eure Geduld. Und durch die Geduld werdet ihr bis zum Ende durchhalten, denn dann wird euer Glaube zur vollen Reife gelangen und vollkommen sein und nichts wird euch fehlen. – Jakobus 1,2–4

Wenn es turbulent wird, muss man als Glaubender nicht in Panik geraten oder Forderungen an Gott stellen. Der Gläubige bleibt sitzen und hört auf Gottes Stimme. Denn Gott ist der Pilot. Er weiß, wie man ein Flugzeug fliegt. Und der Gläubige weiß, dass der Pilot das Flugzeug in ruhigere Gefilde fliegt, wenn es dort besser aufgehoben ist. Selbst wenn das nicht sofort geschieht. Gott, der Pilot, weiß das am besten.

Ich sage nicht, dass diese Art von Glauben einfach ist. Sie erfordert von uns, dass wir die Kontrolle aufgeben und Jesus in der Tiefe vertrauen. Das Problem ist, dass die meisten Gläubigen die gleichen Kontrollfreaks sind wie ich. Wir wollen nicht loslassen und Jesus so tief vertrauen. Wir wollen das Steuer in der Hand behalten. Wir wollen das Flugzeug fliegen. Kennst du den christlichen Autoaufkleber »Gott ist mein Copilot?« Das ist ein netter Gedanke. Menschen, die solche Autos fahren, glauben – oder behaupten zu glauben –, dass Gott ihnen Rückendeckung gibt, auf sie achtgibt, mit anpackt, wenn es erforderlich ist. Das klingt alles toll, ist aber eine schlechte Theologie. (Wenn deine theologischen Ansichten auf christlichen Autoaufklebern basieren, hast du ein Problem.) Gott ist kein Copilot. Er spielt niemals die zweite Geige. Entweder ist er dein Pilot oder nicht. Entweder ordnest du dich ihm unter und vertraust ihm mit deinem gesamten Leben oder du lebst nervös in dem fehlgeleiteten Glauben, du hättest alles unter Kontrolle.

Wenn du anerkennst, dass Gott dein Pilot ist, hilft es dir, in turbulenten Zeiten ruhig zu bleiben. Du weißt, dass du nichts anderes tun kannst, als ihm zu vertrauen. Selbst wenn du helfen wolltest, wüsstest du nicht, wo du anfangen solltest, weil du nicht weißt, wie man ein Flugzeug fliegt. Darum lässt du los und lässt den Piloten sein Ding machen. Anfangs ist das unheimlich, aber es ist auch befreiend.

Jesus reagiert

In unserer Geschichte ist Johannes der Täufer im Gefängnis und wird ungeduldig und frustriert. Johannes war so religiös, wie man es sich nur vorstellen kann. Er machte alles richtig. Er gehorchte dem Plan Gottes für sein Leben – lebte in der Wüste und predigte Buße und das Kommen des Messias. Er opferte Bequemlichkeit und Luxus. Soweit wir wissen, heiratete er nie. Aber er befindet sich im Gefängnis, weil er das Richtige getan hat. Er weiß, dass Jesus der Messias ist, aber je länger er die Wände seiner Zelle anstarrt, umso mehr zweifelt er, ob das wirklich wahr ist. Unfähig, noch länger zu warten, schickt er zwei seiner Jünger, um Jesus geradeheraus zu fragen: »Bist du der Messias oder nicht?«

Aber Jesus reagiert nicht sofort. Das ist typisch für Jesus. Sein Cousin, der große Prophet Johannes der Täufer, der Mann, der in der Schrift vorausgesagt wurde, um den Messias anzukündigen, ist eingesperrt und sein Glaube schwankt. Einige Kommentatoren glauben, dass Jesus fast den ganzen Tag gewartet hatte, bevor er reagierte. Zumindest sind einige Stunden vergangen, bevor Johannes Nachricht von seinen zwei Jüngern erhielt. Ich kann mich in ihn hineinversetzen. Ich weiß nicht, wie oft ich schon verzweifelt eine direkte und unmittelbare Antwort von Gott wollte und keine bekommen habe. Doch Gott hat mich nicht ignoriert und er kam auch nicht zu spät. In seiner göttlichen Weisheit wusste er vielmehr, dass eine direkte und unmittelbare Antwort nicht das Beste für mich gewesen wäre. Dasselbe traf vielleicht auch auf Johannes zu.

Anstatt Johannes eine prompte Antwort zu geben, predigte Jesus weiter das Evangelium, machte Menschen gesund, heilte ihre Krankheiten, gab ihnen ihr Augenlicht wieder und trieb Dämonen aus. Danach sagte Jesus zu Johannes' Botschaftern:

Kehrt zu Johannes zurück und berichtet ihm, was ihr gesehen und gehört habt: Blinde sehen, Gelähmte gehen, Aussätzige werden geheilt, Taube hören, Tote werden auferweckt und den Armen wird die gute Botschaft verkündet. – Lukas 7,22

Komische Antwort, oder? Johannes fragt sich, ob Jesus der verheißene Messias ist, doch Jesus sagt: »Erzählt Johannes von all den Wundern, die ich vollbringe.« Das geht doch scheinbar am Kern der Frage vorbei. Es scheint sogar ein bisschen gefühllos zu sein. Johannes sitzt im Gefängnis, weil er Gottes Ruf auf seinem Leben gehorcht hat, und Jesus reagiert nur mit: »Sieh dir die Wunder an, die ich tue.«

Aber was auf den ersten Blick abschätzig klingt, ist eine zutiefst hilfreiche Anweisung dafür, wie man reagiert, wenn sich Zweifel einschleichen und unseren Glauben erschüttern. In diesem kurzen Abschnitt gibt uns Jesus zwei Anleitungen dafür, wie wir reagieren sollen, wenn unser Glaube erschüttert wird.

Erstens, Jesus verweist Johannes auf die Schrift. Er informierte Johannes nicht nur über einen Haufen Wunder. Jesus zitierte eine der bekanntesten Prophetien über den Messias von Jesaja:

Der Geist Gottes, des Herrn, ruht auf mir, denn der Herr hat mich gesalbt, um den Armen eine gute Botschaft zu verkünden. Er hat mich gesandt, um die zu heilen, die ein gebrochenes Herz haben und zu verkündigen, dass die Gefangenen freigelassen und die Gefesselten befreit werden. Er hat mich gesandt, um ein Gnadenjahr des Herrn und einen Tag der Rache unseres Gottes auszurufen und alle Trauernden zu trösten. Er hat mich gesandt, um es den Trauernden zu ermöglichen, dass ihnen ein Kopfschmuck

*anstelle von Asche, Freudenöl anstelle von Trauerkleidern,
und Lobgesang anstelle eines betrübten Geistes gegeben
werde. – Jesaja 61,1–3*

Jesus will mit seinen Wundern nicht angeben. Es geht um etwas anderes. Jesus will Johannes ermutigen. Er sagt: »Johannes, erinnerst du dich an die Dinge, von denen Jesaja voraussagte, dass der Messias sie tun würde? Ich tue sie.« Während Johannes' Leben gerade in sich zusammenstürzt – er war gefangen und kurz vor der Hinrichtung –, stellt Jesus Johannes' Füße auf festen Grund, indem er ihn an das unerschütterliche Wort Gottes erinnert, das niemals vergehen wird. Mitten in Prüfungen, wenn unsere Welt scheinbar aus den Fugen gerät, wenn alles, was wir offensichtlich über Gott wussten, unwahr scheint, wenn wir einfach keine Antwort von Gott bekommen können, verweist Jesus uns auf die Schrift.

Wenn du nicht hören kannst, was Gott gerade sagt, dann geh zurück zu dem, was er bereits gesagt hat.

Zweitens, Jesus weist uns an, über den Tellerrand unserer eigenen Umstände hinauszublicken. Jesus antwortete Johannes' Botschaftern und sagte ihnen, sie sollen Johannes all die Wunder bezeugen, die Jesus vollbrachte. Mit anderen Worten, obwohl Johannes im Gefängnis war, änderte das nichts an der Tatsache, dass Gott durch Jesus ein mächtiges Werk in der Welt tat. Nur weil die Dinge sich nicht so entwickelten, wie Johannes es sich erhofft hatte, bedeutete das nicht, dass Gottes Pläne durchkreuzt worden waren oder dass Johannes sich in seinem Glauben an Jesus geirrt hatte. Das Gegenteil war vielmehr der Fall. Gott wirkte durch Jesus, um Israel und sogar die ganze Welt zu retten, und das ereignete sich genau vor den Augen der Jünger von Johannes. Solange Johannes seine eigene Situation im Blick hatte, konnte er nicht über die Gefängnismauer hinausblicken. Aber wenn er es schaffte, seine Perspektive zu erweitern und das große Ganze zu sehen, würde er erkennen, dass Gott am Werk war.

Wir alle gehen durch Zeiten der Prüfung, Umstände, in denen wir uns gefangen, hoffnungslos, durcheinander und frustriert fühlen. In solchen Zeiten ist es verlockend, zu verzweifeln und zu rufen: »Gott, bist du für mich oder nicht?« In solchen Zeiten sagt Jesus uns, wir sollen einen Schritt zurückmachen, unsere Perspektive erweitern und sehen, wie Gott im Leben anderer wirkt. Gott ist groß und die Welt, die er rettet, auch. Wenn wir nur das im Blick haben, was gerade vor uns liegt, werden wir vermutlich nicht sehen, was Gott gerade um uns herum bewirkt. Es kann schwer sein, aber je mehr wir darüber erfahren, wie Gott im Leben anderer wirkt, umso mehr Glauben werden wir haben.

Oft höre ich von Menschen, die sich Christen nennen, aber keiner Gemeinde zugehörig sind. Sie sagen gern Dinge wie: »Ich liebe Jesus, aber Gemeinde mag ich nicht.« Oder: »Du weißt doch, wo zwei oder mehr in seinem Namen versammelt sind, da ist er auch, darum bleibe ich mit meiner Familie einfach zu Hause und wir haben dort unsere eigene Gemeinde.« Es stimmt zwar, dass du kein Mitglied einer Gemeinde sein musst, um Christ zu sein. Und es stimmt auch, dass die Menschen, die in Gemeinden sind, nicht perfekt sind. Aber sie sind ebenfalls Gläubige, denen Vergebung und Erlösung geschenkt wurden. Selbst wenn sie Fehler machen oder manchmal heucheln, ist Gott in ihrem Leben am Werk.

Eine der größten Segnungen, die ich als Teil einer Gemeinde erhalte, ist von all den unterschiedlichen Arten zu hören, wie Gott in der Welt am Wirken ist. Das erinnert mich daran, dass Gottes Plan viel größer ist als Rich Wilkerson. Mein Leben ist Teil eines Puzzles, ein Faden in einer Wandstickerei. Gott ist überall am Wirken, in Milliarden von Menschenleben in jedem Land auf der

Welt. Diese Leben verbindet er gemäß seinem Masterplan miteinander. Und je mehr Geschichten ich über Gottes Wirken höre, umso mehr sehe ich von diesem Plan, und je mehr ich sehe, wie sich der Plan entfaltet, umso mehr wächst mein Glaube.

In der Bibel steht, dass eine dreifache Schnur nicht so leicht zerreißt. Wenn wir Geschichten darüber austauschen, wie Gott in unserem Leben wirkt, dann werden wir gestärkt. Wenn schwere Zeiten kommen – und sie werden kommen –, ist es mitunter am besten, einen Schritt zurückzumachen und uns das große Ganze anzusehen. Wenn wir nur die Gefängnismauern im Blick haben, wird unser Glaube wahrscheinlich wanken, doch wenn wir unsere Perspektive erweitern, werden wir Hoffnung finden. Gott ist immer am Wirken. Unsere Aufgabe besteht darin, das zu sehen. Wenn wir das tun, werden wir gesegnet sein.

Glückselig

Die Antwort, die Jesus den Jüngern von Johannes gibt, endet nicht mit einem Verweis auf die Wunder. Die Antwort wird noch seltsamer. Nachdem Jesus Johannes auf die Schrift verwiesen hat, macht er eine der verwirrendsten Aussagen in der Bibel: »Glückselig ist, wer sich nicht an mir ärgert« (Lk 7,23 ELB). Mit anderen Worten, wir sind glückselig, wenn wir unseren Glauben trotz Jesus aufrechterhalten können. Das ist eigenartig. Jesus ist der Anfänger und Vollender unseres Glaubens, aber dieser Abschnitt vermittelt den Eindruck, er könnte Dinge tun, durch die wir unseren Glauben verlieren könnten. Was ist hier los?

Tatsache ist, dass zwar viele Menschen Jesus als ihren Retter lieben, aber von ihm als Herrn nicht so angetan sind. Sie stellen sich Jesus gern als eine Art Flaschengeist vor, der dann auftaucht, wenn sie ihn brauchen, und der ansonsten im Hintergrund bleibt. Aber Jesus ist kein Flaschengeist. Er ist Gott. Und der souveräne Gott handelt vielleicht auf eine Art und Weise und aus Gründen, die wir nicht verstehen. Sein Königreich ist auch hier wieder größer als nur mein kleines Leben. Ich halte mich selbst gern für ziemlich wichtig – und ich bin für Gott auch wichtig, wie alle anderen Gläubigen –, aber im Gesamtüberblick aller Dinge ist mein Leben nur ein Hauch. Ganz egal, welche Rolle ich auf der großen Bühne spiele, es ist nur eine Nebenrolle. Jesus ist der Star. Wenn dein Gott nur so handelt, dass du ihn verstehen kannst, brauchst du einen neuen Gott, weil deiner viel zu klein ist.

Wir können Gottes Handeln nicht verstehen. Die Schrift ist voll von Beispielen dafür. Nimm Hiob. Als Hiob durch die schlimmste Phase seines Lebens ging – Todesfälle in seiner Familie, Zerstörung seines Eigentums, Krankheit –, stellte er Gott in Frage. Er wurde zornig auf Gott und forderte Antworten. Gott reagierte so:

Da antwortete der Herr Hiob aus dem Sturm: »Wer ist es, der Gottes weisen Plan mit Worten ohne Verstand verdunkelt? Tritt vor mich hin wie ein Mann! Ich will dir Fragen stellen und du sollst mich belehren. Wo warst du, als ich die Grundfesten der Erde legte? Sag es mir, sofern du Bescheid weißt! Weißt du, wer ihre Maße festlegte oder wer das Maßband über ihr ausspannte? Worauf sind ihre Stützpfeiler eingesenkt und wer hat ihren Eckstein gelegt, als die Morgensterne miteinander sangen und alle Engel vor Freude jubelten?« – Hiob 38,1–7

Mit seiner Antwort erinnert Gott Hiob daran, wie klein Hiob und wie groß Gott ist. Gott hat weitaus größere Pläne, als wir uns vorstellen können. Er ist dabei, die gesamte Schöpfung, die ganze

Welt zu erlösen. Gott leitet uns auf jedem Schritt unseres Weges, aber wir werden nie seinen gesamten Plan kennen. Das könnten wir gar nicht. Er ist zu groß und zu komplex. Aber Jesus kennt uns. Er weiß, dass wir in unserem gefallenen Zustand gern glauben, dass die Welt um uns herum alles ist, was es an Welt gibt. Er weiß, dass unsere Probleme für uns die scheinbar einzigen Probleme auf der ganzen Welt sind, unser Leid das einzige Leid, unsere Not die einzige Not. Er weiß, dass wir unseren Glauben an Gott verlieren können, wenn Turbulenzen kommen. Wenn ich jedoch glaube, dass meine Welt die ganze Welt ist, dann sollte doch der Gott der ganzen Welt die Probleme meiner Welt in Ordnung bringen. Und wenn er das nicht tut, dann ist er vielleicht doch nicht der, für den ich ihn bisher gehalten habe.

Doch wenn ich merke, dass meine Welt nicht die ganze Welt ist und dass mein Leben nur ein Teil von Gottes großem Plan ist, sieht meine Lage viel besser aus. Jesus sagt uns, dass wir gesegnet sind, wenn wir aufhören können, uns darüber zu ärgern, wie Jesus in unserem Leben wirkt. Wir kennen Gottes gesamten Plan nicht. Wir wissen nicht, wie unsere Wünsche da hineinpassen. Aber wir sind gesegnet, wenn wir an unserem Glauben an Gott festhalten können, unabhängig davon, wie unsere Gebete beantwortet werden.

Das Wort, das in Lukas 7,23 mit »glückselig« übersetzt wird, kann auch mit »glücklich« oder »gesegnet« übersetzt werden. Wenn wir also an unserem Glauben an Gott festhalten, unabhängig davon, wie er antwortet, werden wir glücklich und gesegnet sein. Wie? Wie können wir glücklich und gesegnet sein, wenn Gott nicht so handelt, wie wir es gerne hätten? Ich denke Folgendes: Es geht nur um die Perspektive. Wenn mein Blick nur auf das gerichtet ist, was mit mir gerade geschieht, dann werde ich mich aufregen, wenn die Dinge nicht so laufen, wie ich es will. Doch wenn meine Perspektive breiter ist als meine kleine Welt und ich im Blick habe, was Gott im großen Ganzen tut, werde ich nicht enttäuscht sein.

Gott wird sein Ziel erreichen. Die Geschichte bewegt sich auf ihn zu. Ich habe die letzten Seiten der Bibel gelesen und Gott ist der Gewinner. Wie auch immer meine Situation gerade aussieht, welche Schlappe auch immer ich gerade einstecken muss, Gott ist dabei, die Welt zu erlösen und er lässt sich nicht aufhalten. Je mehr ich diese Realität und den Beweis dafür in der Welt sehen kann, umso glücklicher und zufriedener werde ich sein. Das heißt nicht, dass ich die ganze Zeit nur noch lächeln werde, aber es heißt, dass ich wahrscheinlich mehr lächeln werde.

Gesegnet ist der, der sich nicht an mir ärgert, denn er hat eine Perspektive, die breiter ist als seine eigene kleine Welt.

Graham Wilkerson

Das zweifellos Schlimmste, was meine Familie erlebte, als ich klein war, war das, was meinem Bruder Graham zustieß. Zur Familie Wilkerson zählen vier Jungs: Jonfulton, Graham, Taylor und ich. Ich bin der Zweitälteste. Graham ist der Zweitjüngste.

Graham wurde am 29. Dezember 1986 als gesundes Baby geboren. Noch ein gesunder Junge. (Mein Vater hat vieles drauf, aber Mädchen machen gehörte nicht dazu.) Als Graham sechs Monate alt war, wurde er schwer krank, und als es ihm einfach nicht bessergehen wollte, ging meine Mutter mit ihm zum Arzt. Der Arzt sagte, Graham habe eine Ohrentzündung, nichts Ernstes, worüber man sich Sorgen machen müsse, darum schickte er Graham nach Hause. Vielleicht war es mütterlicher Instinkt, aber meine Mutter war davon nicht überzeugt. Sie ging mit Graham zunächst zu unserer Großmutter nach Hause und nach ein paar Minuten dort beschloss sie, mit Graham ins Krankenhaus zu gehen.

Auf dem Weg dorthin wurde Graham bewusstlos und hörte dann auf zu atmen. Im Krankenhaus schob meine Mutter Graham der Krankenschwester über den Tresen und irgendjemand brüllte: »Ein Notfall!« Das medizinische Personal arbeitete fieberhaft daran, Grahams Herz wieder zum Schlagen zu bringen. Meine Mutter schaute hilflos zu. »Das ist nicht wahr!«, schrie sie.

Es war keine Ohrentzündung. Was wir nicht wussten, war, dass Graham an einer Hirnhautentzündung litt. Graham starb schließlich auf dem OP-Tisch. Mehr als zehn Minuten zeigte er keine Lebenszeichen. Keinen Herzschlag. Keinen Atemzug. Doch durch die Gnade Gottes und die Bemühungen der Ärzte begann Grahams Herz wieder zu schlagen. Leider blieb ein Schaden zurück. Er war zu lange ohne Sauerstoff gewesen, sodass sein Hirn dauerhaft geschädigt blieb.

Graham stabilisierte sich und verbrachte ein paar Tage im Krankenhaus, wo man uns eine düstere Prognose stellte. Grahams innere Systeme funktionierten zwar, aber er würde vermutlich den Rest seines Lebens im Wachkoma zubringen, unfähig sich zu bewegen oder sich mitzuteilen. Der Arzt sagte uns, er würde nie laufen, sprechen, hören, sehen oder für sich selbst sorgen können. Er würde für den Rest seines Lebens ständige Pflege brauchen. Meine Eltern waren am Boden zerstört.

Mein Vater war von einer Evangelisationsveranstaltung in einem anderen Bundesstaat zurückgeflogen, sein Sohn war dem Tode nahe, der Glaube seiner Frau erschüttert und seine älteren Söhne waren völlig fertig und durcheinander. Sein Verstand arbeitete auf Hochtouren. Was hatte er getan, um das zu verdienen? Hatte er Gott nicht treu gedient? Hatte er nicht wertvolle Zeit mit seiner Familie geopfert, um Gott zu dienen? Hatte er etwas falsch gemacht? Wurde er bestraft?

Aber Gott antwortete nicht, zumindest nicht so, wie mein Vater das wollte.

Gesegnet ist der, der sich nicht an mir ärgert.

Mein Vater hätte zornig sein können auf Gott. Er hätte sich vom Glauben abwenden können, an dem er immer festgehalten hatte. Er hätte unsere ganze Familie von Gott wegführen können. Aber das hat er nicht getan. Er klammerte sich an die Wahrheit, die er kannte, nämlich dass Gott für ihn war und einen Plan für sein und für Grahams Leben hatte. Mein Vater wusste, dass denen, die Gott lieben, alle Dinge zum Besten dienen, und dass Krankheit und Tod am Ende besiegt werden. Was auch immer Gott mit Graham tun oder nicht tun würde, die Geschichte war noch nicht zu Ende. Mein Vater ärgerte sich nicht. Er hielt seinen Blick auf Gott gerichtet, nicht auf die fürchterlichen Umstände unserer Familie. Und er wurde mit einem Glauben gesegnet, der uns durch die herausforderndsten Tage unserer Familie führte.

Ich wünschte, ich könnte euch erzählen, dass Graham durch ein Wunder vollständig geheilt wurde und dass die Ärzte vor Verwunderung nur Gott die Heilung von Graham zuschreiben konnten. Aber das kann ich nicht. Graham erholte sich zwar, aber nicht zu 100 Prozent. Die ernsthafte Schädigung seines Gehirns hat sein Leben völlig verändert. Aber der Arzt hatte nicht recht, was Grahams Zukunft anging. Er kann laufen, sehen, hören und (mit etwas Schwierigkeiten) sogar sprechen. Er braucht immer noch Pflege, aber er macht weitere Fortschritte.

Graham ist auf mehr als nur eine Weise eine Erfolgsgeschichte. Einfach dadurch, dass er Graham ist, macht er jede Woche Hunderte von Menschen in unserer Gemeinde froh. Er macht gern Scherze. Er tanzt gern. Er rappt gern. Ja, Rap! Er ist toll. Ich bin so dankbar, dass Gott Graham das Leben gerettet hat und wir ihn schon all diese Jahre haben durften. Ich bin noch dankbarer dafür, dass mein Vater sich durch Gottes Gnade nicht geärgert hat. Hätte er das getan, ich weiß nicht, ob ich heute da wäre, wo ich bin, und dem Gott des Universums auf so fröhliche und lohnenswerte Weise dienen könnte.

Gesegnet ist der, der sich nicht an mir ärgert.

Amen dazu.

Wir vertrauen auf Gott

In alledem ist die Schlüsselfrage für uns alle genauso einfach wie für Johannes den Täufer: »Vertrauen wir auf Gott?« Wenn es hart auf hart kommt, geht es nicht mehr nur darum, ob wir an Gott glauben. Die Frage ist nicht: »Glaubst du, dass Gott existiert?« oder »Glaubst du, dass Jesus der Sohn Gottes ist?« Die Frage lautet: »Vertraust du Gott?« Glaube ist wichtig, aber in Zeiten großer Dunkelheit ist es das Vertrauen, das uns Hoffnung gibt. Mir gefällt die folgende Illustration über den Unterschied zwischen Glauben und Vertrauen.

Charles Blondin war ein französischer Hochseilartist. Anfang des 19. Jahrhunderts wurde Blondin berühmt für seine todesmutigen Stunts. Sein vielleicht berühmtester Stunt bestand darin, auf einem Seil über die Niagarafälle zu laufen.

Ich war schon an den Niagarafällen und mit diesem Gewässer ist nicht zu spaßen. Die Wasserfälle sind mehr als 900 Meter breit und haben eine Fallhöhe von über 50 Metern. Mehr als 340.000 Liter Wasser stürzen pro Sekunde dort hinunter. Das Wasser trifft mit einem Gewicht von mehr als 2.500 Tonnen unten auf. Da willst du nicht hineinfallen.

1958 hatte Blondin die geniale Idee, ein Drahtseil über den Niagara zu spannen und darüber zu laufen. Das Seil maß 335 Meter von einem Ende zum anderen und befand sich knapp 50 Meter über dem Wasser. Wann immer eine gespannte Menge zusammenkam, um ihm zuzusehen, wie er es entweder hinüberschaffen oder in den sicheren Tod stürzen würde, trat Blondin auf das Seil und begeisterte die Menge, indem er hinüberging.

Er tat das viele Male an vielen verschiedenen Tagen. Und als ein guter Schausteller änderte Blondin die Vorstellung immer wieder ab, um sie frisch zu halten. Er ging beispielsweise mit verbundenen Augen und sogar auf Stelzen hinüber. Einmal schob er sogar eine Schubkarre über das Seil. Als er auf der anderen Seite ankam, wurde die Menge wild. Sie jubelte und feierte diesen Akrobaten und sein erstaunliches Talent.

Inmitten all des Jubels rief Blondin der Menge zu: »Glaubt ihr, dass ich es auf die andere Seite schaffe?« Alle sagten: »Wir glauben es! Wir glauben es!« Blondin grinste und sagte dann: »Wunderbar! Wer will also von mir in der Schubkarre geschoben werden?« Plötzlich war die Menge still. Keiner war bereit, in der Schubkarre mitzufahren. Sie wussten, dass Blondin es schaffen würde. Sie waren sich nur nicht sicher, ob er es mit einem von ihnen zusammen auch schaffen würde. Sie glaubten, aber sie hatten kein Vertrauen.

Vertrauen geht über Glauben hinaus. Vertrauen bedeutet zu sagen: »Jesus, ich werde in die Schubkarre springen und weiß, dass du mich auf die andere Seite bringst. Es ist zwar windig. Das Wasser ist zwar wild. Das Seil wird zwar schwanken. Wir könnten zwar fallen. Aber ich lege mein Leben in deine Hände. Und wenn wir fallen, dann weißt du sicher, was das Beste ist.« Das ist Vertrauen.

Religion fordert uns auf zu glauben – glaube an diese Lehre, glaube an diese Wahrheiten, glaube an dieses Dogma. Aber eine Beziehung mit Jesus geht tiefer als bloßer Glaube. Eine Beziehung erfordert Vertrauen. Und wenn wir Jesus ungeachtet der Umstände vertrauen, sind wir gesegnet.

Eines meiner liebsten Lieder ist »"Tis So Sweet to Trust in Jesus« (Es ist so gut, auf Jesus zu vertrauen). Es wurde von Louisa M. R. Stead verfasst. Die Geschichte, die hinter dem Lied steht, macht es so besonders.

An einem schönen sonnigen Tag machten Louisa und ihr Mann mit der Familie ein Picknick. Sie genossen ihren Tag, als ihr friedliches Picknick plötzlich von einem lauten Schrei unterbrochen wurde. Sie schauten aufs Wasser und sahen, wie ein Junge in der Nähe ertrank. Mr. Stead stand schnell auf und sprang ins Wasser, um den Jungen zu retten. Er erreichte ihn, aber der Junge strampelte. Er kämpfte und kratzte und packte Mr. Stead und zog ihn schließlich unter Wasser. Louisa und ihre Tochter standen hilflos daneben, als der Junge und Mr. Stead ein letztes Mal unter Wasser gingen und beide ertranken.

Durch den Tod ihres Mannes gerieten Louisa und ihre Tochter in bittere Armut. Sie wurden bettelarm. Aber in alledem bewahrte Louisa ihren Glauben an Gott. Sie wusste, dass Gott nie von ihrer Seite wich. Er begegnete all ihren Nöten auf die erstaunlichste Weise und 1882 schrieb Louisa diesen wunderschönen Text darüber, was es bedeutet, Gott zu vertrauen, komme, was da wolle:

'Tis so sweet to trust in Jesus,
Just to take Him at His Word,
Just to rest upon His promise,

Just to know, »Thus says the Lord!«
Jesus, Jesus, how I trust Him!
How I've proved Him o'er and o'er!
Jesus, Jesus, precious Jesus!
O for grace to trust Him More!
O how sweet to trust in Jesus,
Just to trust His cleansing blood,
Just in simple faith to plunge me
'Neath the healing, cleansing flood!
Yes, 'tis sweet to trust in Jesus,
Just from sin and self to cease,
Just from Jesus simply taking
Life and rest and joy and peace.
I'm so glad I learned to trust Him,
Precious Jesus, Savior, Friend;
And I know that He ist with me,
Will be with me to the end.

Selig ist's, dem Herrn zu trauen
und zu nehmen ihn beim Wort,
ruhn in dem, was er verheißen,
und zu wissen: So spricht Gott!
Jesu, Jesu, dir vertrau ich,
deine Treu hab ich gesehn;
Jesu, Jesu, teurer Jesu,
dir vertrauen möcht ich mehr!
O wie köstlich, ihm zu trauen,
seinem reinigenden Blut,
gläubig sich hineinzutauchen
in die heiligende Flut.
Es ist gut, dem Herrn zu trauen,

der von Sünd und Ich befreit,
und von ihm dann täglich nehmen
Kraft und Gnade, Fried und Freud.
Ich bin froh, dass ich es lernte,
meinem Heiland zu vertraun,
und er wird mich sicher leiten,
bis ihn meine Augen schaun.

KAPITEL 9

WAS GOTT HINTER DEINEM RÜCKEN ÜBER DICH SAGT

Als sie gegangen waren, wandte Jesus sich an die Menge und sagte über Johannes: »Wer ist dieser Mann in der Wüste, den ihr unbedingt sehen wolltet? Kam er euch schwach vor wie ein Schilfrohr, das im Windhauch hin und her schwankt? Oder habt ihr einen Mann erwartet, der in kostbare Gewänder gehüllt ist? Nein, Leute mit kostbaren Kleidern und verschwenderischer Lebensart wohnen in Palästen, nicht in der Wüste. Oder habt ihr in ihm einen Propheten vermutet? Ja, das ist er, und er ist sogar noch mehr als das. Johannes ist der Mann, von dem die Schrift sagt: ›Ich sende meinen Boten vor dir her, er wird deine Ankunft vorbereiten.‹ Ich sage euch: Von allen Menschen, die jemals gelebt haben, war keiner größer als Johannes. Und doch ist noch der Geringste im Reich Gottes größer als er!«

LUKAS 7,24–28

Training zahlt sich nicht immer aus

Es gibt Dinge im Leben, die man nicht tun will, aber trotzdem tun muss – Rasen mähen, Geschirr spülen, Spinat essen und, was ich am meisten hasse, Sport treiben. Ganz ehrlich, ich hasse Sport. Ich weiß, ich weiß. Viele lieben Sport und sagen Sachen wie: »Ich mag diesen Kick, wenn die Endorphine einschießen!« Keine Ahnung, wovon die reden. Am Sport gibt es für mich nichts Aufregendes. Ich spüre keine Endorphine beim Sport. Ich spüre nur Hitze, Schweiß, Erschöpfung und jede Menge Schmerzen.

Ich weiß, dass ich Sport treiben muss, aber ich suche immer nach einem Vorwand, um mich ihm zu entziehen. Gibt es nur einen Grund, keinen Sport zu treiben, egal was für einen, dann lasse ich es. Manchmal komme ich im Fitnessstudio an und, nanu, ich habe meine Kopfhörer vergessen. Ohne Kopfhörer kann man keinen Sport machen, stimmt's? Wie soll ich denn jetzt diese super Playlist anhören, die ich mir extra für mein Training zusammengestellt habe? Ich könnte jetzt genauso gut nach Hause gehen und morgen einen neuen Versuch starten. Am nächsten Tag vergesse ich meine Wasserflasche. Auf keinen Fall mache ich Sport ohne angemessene Flüssigkeitszufuhr. Das ist medizinisch gefährlich. Jede Ausrede ist mir recht – die kaputte Klimaanlage im Fitnessstudio, zu viele Leute, zu wenig Leute, kein Trainer, heute zu viel zu tun. Egal was. Vielleicht kannst du das nachempfinden. Oder vielleicht bist du einer dieser verrückten Endorphintypen. Wenn ja, dann viel Glück, aber wir werden wahrscheinlich keine Freunde werden.

Der Andrang der Leute im Fitnessstudio macht mir normalerweise am meisten zu schaffen. Nun, das stimmt nicht ganz so. Ich habe kein Problem mit dem Andrang (außer wenn ich nach einem Grund suche, wieder zu gehen). Mein Problem sind die vielen

Typen, die sensationell gut in Form sind. Die durchtrainiert und muskulös sind. Die nur aus Muskeln bestehen. Manchmal frage ich mich, ob diese Typen im Fitnessstudio zu Hause sind. Gehen sie überhaupt arbeiten? Wie um alles in der Welt kann man so fit sein? Schlafen sie überhaupt? Trainieren sie auch im Schlaf?

Irgendjemand muss diesen Typen doch mal sagen, dass die Mission erfüllt ist. Sie sehen toll aus. Sie müssen nicht im Fitnessstudio aufkreuzen und uns andere daran erinnern, wie schlecht wir in Form sind. Ich gebe es ja zu. Ich bin gehemmt in Gegenwart dieser Kerle. Ich spüre den Gruppenzwang, der von ihnen ausgeht, obwohl ich ihnen wahrscheinlich ziemlich egal bin. Sicherlich bekommen sie noch nicht einmal mit, dass ich überhaupt da bin, es sei denn, ich stehe zwischen ihnen und dem Spiegel, in dem sie gerade ihre Sixpacks bewundern. Ich fühle mich immer von ihnen beurteilt und von oben bis unten gemustert. Das kann mich in Schwierigkeiten bringen.

Einmal war ich gerade an der Langhantel. Das ist die, wo man sich hinsetzt und die Gewichte aus Schulterhöhe über seinen Kopf stemmt. Nach ein paar Wiederholungen wurde ich paranoid. Keiner sagte irgendetwas zu mir, aber ich konnte die abschätzigen Blicke der mit Steroiden vollgepumpten – hoppla, entschuldige – muskulösen Menge förmlich spüren. Ich war mir einfach sicher, dass sie mir zusahen und dachten: »Rich, ist das dein Ernst? Ist das alles, was du stemmen kannst? So schwach kannst du doch gar nicht sein.«

In meinem törichten Stolz dachte ich dann: »Ich kann noch viel mehr als das. Ich werd's euch zeigen.« Also griff ich nach ein paar schwereren Gewichten, Gewichte, die ich noch nie zuvor gehoben hatte und stemmte diese Ungetüme geradewegs über meinen Kopf. Bei den ersten beiden Wiederholungen fühlte ich mich wie ein Mann, aber beim dritten Versuch ließ mich mein Körper im Stich. Der Schmerz fuhr mir wie ein Messerstich in den Lendenbereich und zog sich bis nach oben in meinen Nacken. Es tat fürchterlich weh. Ich hatte mir einen Nerv eingeklemmt.

Augenblicklich ließ ich die Gewichte fallen, versuchte dabei aber taff auszusehen, als würde ich die Gewichte runterwerfen, weil ich sie gerade bezwungen hatte. Ich starrte sie mit zusammengezogenen Augenbrauen an und machte diese komische »Schuuu-schuuu«-Atmung, die Leute machen, die besonders hart trainieren. Aber ich fühlte mich nicht sehr taff. Mein Nacken war völlig blockiert und steif. Ich konnte mich nicht umdrehen. Ich konnte auf keinen Fall weitertrainieren. Ich verließ das Fitnessstudio wie Beaker von den Muppets. (Kennst du Beaker noch? Er trug einen Laborkittel und hatte verrückte orangefarbene Haare. Beaker hatte auch keinen Hals.) Mein Hals war mehrere Tage lang steif. Das war schmerzhaft. Immer wenn jemand meinen Namen rief, musste ich mich mit meinem ganzen Körper umdrehen, um ihn oder sie sehen zu können. Aber wenigstens habe ich es den stereoid-vollgepumpten Typen gezeigt.

Ich verletzte mich, als ich versuchte, ein Gewicht zu heben, das zu schwer für mich war, und meine Verletzung bremste mich wochenlang aus. Wie viele Menschen versuchen, Gewichte zu tragen, die sie nie tragen sollten, und sind am Ende verletzt? Wie viele Menschen sind eingeschränkt, weil sie Gewichte tragen, die zu schwer für sie sind? Wie viele leben mit Verletzungen, weil sie versuchten etwas zu tragen, was sie nie hätten tragen sollen?

Religion ist kein Übel an sich, das haben wir in einem früheren Kapitel schon gesehen, aber sie kann zu einer Last werden, die wir nicht tragen können. Und je mehr wir versuchen, diese drückende Last zu tragen, umso wahrscheinlicher ist es, dass wir Verletzungen davontragen und unbeweglich werden. Religion kann so starr sein, dass sie leblos wird. Diese Art von Religion ist eine Last, die wir nicht tragen sollten. Darum sagte Jesus in Matthäus 11,28–30: »Kommt alle her zu mir, die ihr müde seid und schwere Lasten tragt, ich will euch Ruhe schenken. Nehmt mein Joch auf euch. Ich will euch lehren, denn ich bin demütig und freundlich, und eure Seele wird bei mir zur Ruhe kommen. Denn mein Joch passt euch genau, und die Last, die ich euch auflege, ist leicht.«

Jesus sprach natürlich nicht von körperlichen Lasten. Er bezog sich auf das niederdrückende religiöse System einer auf Werken beruhenden Gerechtigkeit, die die Pharisäer vom jüdischen Volk forderten. Zur Zeit Jesu lehrten die Pharisäer, dass die Menschen das ganze Gesetz befolgen müssten, um einen guten Stand bei Gott zu haben. Sie bestanden auf einer gesetzestreuen Einhaltung der Regeln und legten dem Volk schwere Bestimmungen auf.

Das Gesetz forderte zum Beispiel, dass das Volk am Sabbat nicht arbeitete. Das war der Ruhetag. Einige Gelehrte glauben, dass die Pharisäer mehr als sechshundert Bestimmungen darüber hatten, was am Sabbat als Arbeit galt. Das war eine Last! Stell dir vor, du musst erst sechshundert Vorschriften durchgehen, um entscheiden zu können, ob du am Sonntag deinen Rasen mähen kannst, ohne Probleme mit Gott zu bekommen. Die Pharisäer waren mit Religion überlastet und da sie die religiösen Autoritäten waren, legten sie diese drückende Last – ihre Regeln und Bestimmungen – anderen auf. Kein Wunder also, dass das Volk »müde« war von den »schweren Lasten«.

Gott sei Dank für Jesus. Er kam, um diese schwere Last wegzunehmen. Es geht nicht mehr darum, was wir tun. Sondern darum, was er getan hat. Er brachte uns nicht noch mehr Vorschriften. Er brachte uns eine Lösung. Er brachte uns keine Erinnerung an unsere Sünden. Er brachte uns den Erlass unserer Schuld. Er erfüllte den alten Bund und all seine Gesetze und setzte den neuen Bund ein, in dem wir Ruhe finden. Das Joch Jesu passt genau und seine Last ist leicht.

Hinter seinem Rücken

Welche Last muss Johannes der Täufer wohl getragen haben? Eingesperrt, auf den Tod wartend, im Zweifel, wer Jesus war, vielleicht sogar im Begriff, seinen Glauben zu verlieren. Ob er wohl sein Verhalten in Frage stellte? Habe ich versagt? Bestraft Gott mich für irgendeine Sünde? Wie wir sahen, schickte Johannes zwei seiner Jünger zu Jesus, um ihn zu fragen, ob er der wahre Messias sei. Wir haben schon gesehen, dass Jesus mit den verwirrenden (aber tiefsinnigen) Worten antwortete: »Glückselig ist, wer sich nicht an mir ärgert.«

Der nächste Teil der Geschichte ist genauso faszinierend. Nachdem Jesus die Jünger von Johannes zurückgeschickt hat, richtet er sich an die Menge. Er spricht zu ihnen über Johannes. Johannes wird wohl nie zu hören bekommen, was Jesus über ihn sagt, weil er im Gefängnis sitzt und nicht mehr rauskommen wird. Im Grunde genommen redet Jesus hinter Johannes' Rücken über ihn.

Meistens bedeutet es nichts Gutes, wenn jemand hinter deinem Rücken über dich spricht. Normalerweise ist es etwas, was er dir nie ins Gesicht sagen würde. Vielleicht ein Gerücht oder, noch schlimmer, Verleumdungen. Egal was, es wird normalerweise nichts Gutes sein. Aber hier sprechen wir von Jesus, und keiner glaubt mehr an unser Potenzial als der Eine, der uns geschaffen hat.

Jesus fragt die Menge, warum sie in die Wüste hinausgegangen sind, um Johannes zu sehen. Wonach suchten sie? Sicher suchten sie keinen reichen Promi. Nein, sie wollten einen Mann sehen, der von Gott erwählt war, einen echten Propheten. Und nicht nur irgendeinen Propheten. In Lukas 7,27 steht, dass sie den Propheten sehen wollten, von dem Maleachi mehrere hundert Jahre zuvor geschrieben hatte:

Ich sende meinen Boten vor dir her,
er wird deine Ankunft vorbereiten.

Dann sagt Jesus der Menge etwas Erstaunliches. Jesus sagt, dass kein Mensch größer sei als Johannes. Das ist mal ein Kompliment! Jesus, der König der Könige und Herr der Herren, bezeichnet Johannes als den größten Menschen, der je gelebt hat.

Denk mal darüber nach, was hier geschieht. Johannes zweifelt daran, ob Jesus der wahre Messias ist. Wenn in unserer Zeit ein Pastor öffentlich in Frage stellen würde, ob Jesus der Messias ist, würde er wahrscheinlich sein Amt verlieren. Aber Jesus verurteilt Johannes nicht für seine Zweifel. Stattdessen bestätigt er ihn. Ist das nicht faszinierend?

Hast du dich je gefragt, was Jesus tut, wenn er anscheinend weit weg ist? Hast du dich je gefragt, was er sagt, wenn du ihn nicht hören kannst? Hast du dich je gefragt, was er denkt, wenn du Zweifel hast? Als Johannes an Jesus zweifelt, prahlt Jesus mit Johannes regelrecht.

Jesus war nicht böse auf Johannes. Er liebte Johannes, selbst in dessen schlimmsten Momenten, weil die Beziehung, die Jesus zu Johannes hatte, nicht auf Johannes' Gefühlen oder Gemütszustand beruhte. Die Beziehung beruhte auf Jesu Liebe zu Johannes und diese Liebe war unerschütterlich. Eine Beziehung mit Jesus ist so viel besser als eine belastende Religion, die uns verdammt, wenn es uns gerade schlecht geht. Stattdessen liebt Jesus uns immer, auch wenn es uns schlecht geht.

Einmal kam ein Mann auf Jesus zu, der verzweifelt seine Hilfe suchte. In Markus 9,14–27 wird erläutert, dass der Sohn des Mannes von einem Dämon gequält wurde, wogegen niemand etwas hatte tun können. Der Mann flehte Jesus um Hilfe an. Jesus antwortete mit den Worten, dass dem, der glaubt, alle Dinge möglich sind. Der Mann erwiderte: »Ich glaube! Aber hilf mir, dass ich nicht zweifle!«

Der Arme. Er glaubte, dass Jesus etwas Besonderes war. Er glaubte, dass Jesus übernatürliche Kräfte besaß. Aber er wusste auch, dass keiner seinem Sohn hatte helfen können. Er hoffte, aber er zweifelte auch. Kannst du das nachempfinden? Vielleicht glaubst du, dass Jesus an den Zweifeln des Mannes Anstoß nahm. Vielleicht würde er das Wunder sogar so lange hinauszögern, bis der Mann voller Glauben wäre. Aber Jesus reagierte nicht so, als würde er Anstoß nehmen und er schob auch nichts hinaus. Jesus trieb den Geist auf der Stelle aus und heilte den Sohn des Mannes.

In 2. Timotheus 2,13 sagt Paulus uns: »Wenn wir untreu sind, bleibt er treu, denn er kann sich selbst nicht verleugnen.« Selbst wenn wir untreu sind, ist Jesus immer noch treu. Er liebt uns nicht nur; er ist die Liebe. Er behandelt uns nicht nur freundlich; er ist die Freundlichkeit. Er gibt uns nicht nur Freude; er ist die Freude. Egal was wir tun, Jesus wird sein Wesen nicht ändern.

Johannes war am tiefsten Punkt angelangt. Der wilde, feurige Prophet, der so an die Freiheit der Wüste gewöhnt war, war jetzt eingesperrt in einer kalten, dunklen Zelle. Er verbrachte seinen Dienst damit, das Kommen des Messias anzukündigen, doch als seine Welt im Gefängnis auf den Kopf gestellt wurde, zweifelte er an Jesu Identität. Viele spotteten über ihn. Einige machten sich über ihn lustig. Andere nannten ihn sogar einen Verräter. Aber nicht Jesus. Er bezeichnete Johannes als den größten Menschen, der je gelebt hat.

Gott kennt dich

Wusstest du, dass Gott an dich denkt? Wusstest du, dass du kein unbedeutendes Stückchen der Schöpfung bist, das Gott vor langer Zeit gemacht und an das er seitdem nie wieder gedacht hat? Wusstest du, dass er dich sehr gut kennt (besser als du dich selbst kennst) und dass ihm dein Leben zutiefst wichtig ist? Wusstest du, dass er über dich spricht?

Mein Lieblingskapitel im Buch der Psalmen ist 139. Das ist ein wunderschön geschriebener Text über Gottes innige Anteilnahme an unserem Leben. Die ersten sechs Verse sagen uns so viel darüber, wie Gott über uns denkt.

Herr, du hast mein Herz geprüft
und weißt alles über mich.
Wenn ich sitze oder wenn ich aufstehe, du weißt es.
Du kennst alle meine Gedanken.
Wenn ich gehe oder wenn ich ausruhe, du siehst es
und bist mit allem, was ich tue, vertraut.
Und du, Herr, weißt, was ich sagen möchte,
noch bevor ich es ausspreche.
Du bist vor mir und hinter mir
und legst deine schützende Hand auf mich.
Dieses Wissen ist zu wunderbar für mich,
zu groß, als dass ich es begreifen könnte!
– Psalm 139,1–6

Bist du schon einmal so einem Besserwisser begegnet, einer Person, die gern Ratschläge erteilt, auch wenn sie nicht darum gebeten wurde? Ich war einmal in einem Einkaufszentrum und probierte ein paar Kleidungsstücke an. Völlig unvermittelt blickte eine der Verkäuferinnen auf das Hemd, das ich anprobiert hatte, und sagte: »Das ist so was von gar nicht Ihre Farbe.« Sie hatte wahrscheinlich recht, aber ich kaufte das Hemd trotzdem, einfach nur aus Trotz. Es war mir egal, dass sie in der Modewelt arbeitete und wahrscheinlich wusste, was wem steht und was nicht. Ihre ungefragte Meinung zum Thema Mode kümmerte mich nicht, weil wir einander nicht kannten. Das erinnerte mich an ein altes Sprichwort: »Die Leute kümmern sich nicht darum, wie viel du weißt, bis sie wissen, wie sehr du dich kümmerst.«

Was dein Leben anbelangt, weiß Jesus alles. Lies noch einmal den Psalm weiter oben. Gott prüft unser Herz, das heißt, er erforscht uns, er betrachtet uns ganz genau. Und als Folge davon kennt er uns. Er kennt unsere Gewohnheiten. Er kennt unsere Gedanken. Er weiß, wenn wir gehen und wenn wir uns ausruhen. Er weiß alles über uns, sogar das, was wir sagen wollen, bevor wir es sagen. Er kennt uns durch und durch.

Jemandem einmal begegnet zu sein ist etwas völlig anderes als jemanden wirklich zu kennen. Als ich in der Highschool war, erzählte mir mein Freund Jason, er würde Scottie Pippen kennen, einen der besten Basketballspieler auf der Welt. Als wir Kinder waren, konnte niemand ihn und seinen Mannschaftskollegen Michael Jordan aufhalten. Sie waren das dynamische Duo schlechthin, wie Batman und Robin, Snoopy und Charlie Brown, der Lone Ranger und Tonto.

Anscheinend hatten Jasons Vater und Scottie geschäftlich miteinander zu tun gehabt, darum nahm Scottie Jason und seinen Vater eines Tages zum Golfspielen mit. Aber als Jason sagte, er würde Scottie kennen, glaubte ich ihm kein Wort. Er sagte, er würde es mir beweisen und mich zu einem Spiel mitnehmen und uns miteinander bekannt machen. Ich war einverstanden. Wir gingen zum Spiel und als es zu Ende war, kämpfte Jason sich durch die

Menge und schlüpfte am Sicherheitsposten vorbei auf das Spielfeld. Er hatte ein T-Shirt in der Hand und wedelte es wie ein Hubschrauber über seinem Kopf herum und schrie aus Leibeskräften: »Scottie! Scottie!« Scottie verließ das Spielfeld und ging in Richtung Tunnel. Er schaute in Jasons Richtung, aber als er ihn sah, lief er einfach weiter.

Jason stieg wieder die Treppen zu mir hinauf und sagte: »Er hat mich nicht gesehen.« Ich – als der gemeine Freund, der ich bin – forderte ihn heraus. »Natürlich hat er dich gesehen«, sagte ich. Er kennt dich einfach nicht. Nur weil du ihm einmal begegnet bist, heißt das nicht, dass er dich kennt.« Es gibt einen großen Unterschied zwischen einer Bekanntschaft und einem Freund.

In Gottes Augen bist du nicht nur irgendeine Bekanntschaft. Er weiß alles über dich. Der Psalmist sagt: »Herr, du hast mein Herz geprüft und weißt alles über mich.« Wurdest du schon einmal durchsucht? Meine Mutter und ich hatten einmal die tolle Gelegenheit, das Weiße Haus zu besuchen. Das war eine unglaubliche Erfahrung. Wir waren zu einer Weihnachtsfeier des Präsidenten eingeladen. Bevor wir ins Weiße Haus gelassen wurden, mussten wir durch eine Sicherheitsschleuse gehen. Wir wurden durchsucht. *Richtig* durchsucht. Alles, was in meiner Tasche war, wurde durchgegangen. Ich wurde von Kopf bis Fuß abgetastet. Das war ein ziemlicher Eingriff in die Privatsphäre, aber schließlich ließ man uns drinnen ja auch bis in die Privatsphäre des Präsidenten vor.

Gott hat dich von oben bis unten, vorwärts und rückwärts, von innen und außen durchsucht und erforscht. Nichts bleibt vor ihm verborgen. Gott kennt dich.

Denk mal darüber nach, was es für Gott bedeutet, dich zu kennen. Er ist der Schöpfer des Himmels und der Erde. Er ist der Urheber von Leben und Tod. Er ist der Anfang und das Ende, das Alpha und das Omega. Er ist so riesig, und dennoch weiß er alles, was es über dich kleines Wesen zu wissen gibt. Er kennt deine Träume, deine Wünsche, deine Bedürfnisse, deine Begierden, deine Neigungen, alles an dir.

Du hast Gottes Interesse

Schau dir noch einmal den Psalm an:

Wenn ich sitze oder wenn ich aufstehe, du weißt es.
Du kennst alle meine Gedanken.
Wenn ich gehe oder wenn ich ausruhe, du siehst es
und bist mit allem, was ich tue, vertraut.
Und du, Herr, weißt, was ich sagen möchte,
noch bevor ich es ausspreche. – Psalm 139,2–4

Gott kennt dich nicht nur. Er beschäftigt sich mit dir. Er konzentriert sich auf dich. Er hat nicht nur ein paar Fakten über dich gegoogelt. Er schaut dir zu. Er betrachtet dich sorgfältig. Er wertschätzt dich. Der Psalmist gibt uns eine genaue Beschreibung davon, wie sehr Gott sich mit uns beschäftigt, fast so, als würde Gott sich nach uns verzehren.

Hast du schon mal versucht, mit jemandem ein Gespräch zu führen, der abgelenkt war? Du versuchst, seine Aufmerksamkeit zu gewinnen, aber derjenige hört nicht auf zu telefonieren oder legt nicht die Fernbedienung weg. Das ist frustrierend, denn der andere schenkt dir keine Aufmerksamkeit. Scheinbar interessiert ihn nicht, was du möchtest.

Gott ist nicht so. Er ist nicht mit etwas anderem beschäftigt. Er hat alle Zeit der Welt für dich. David sagt: »Wenn ich sitze oder aufstehe, du weißt es.« Er meint damit, dass Gott jeden unserer

Schritte verfolgt. Gott verfolgt unser Kommen und Gehen. Er schaut sogar zu, wenn wir aufstehen oder schlafen gehen. Kürzlich wachte ich auf und meine Frau schaute mich einfach an. Sie sagte: »Ich sehe dir gern beim Schlafen zu.« Mein Freund, du bist kostbar für Gott. Er liebt dich. Er sieht dir sogar gern beim Schlafen zu.

In diesem Psalm steht auch, dass Gott mit allem, was wir tun, vertraut ist. Du denkst vielleicht: »Warte mal. Ich sehe das zwar entspannt, wenn Gott einige der Dinge sieht, die ich tue, aber alle? Was ist mit letztem Freitag? Du weißt, ich hab das nicht so gemeint.« Trotzdem liebt Gott dich, obwohl er alle deine Macken kennt – die guten, die schlechten und die hässlichen. Du kannst nichts tun, damit er dich mehr oder weniger liebt. Wenn er dich heute liebt, kannst du dir sicher sein, dass er dich auch morgen lieben wird. Er weiß, was du getan hast, was du nicht getan hast und was du tun wirst. Und er wird dich lieben.

Hast du schon einmal jemanden so gut gekannt, dass du wusstest, was er über dich denkt, ohne ein Wort zu sagen? So gut kennt Gott uns. In der Schrift steht, dass Gott schon weiß, was ich sagen möchte, bevor ich es ausspreche.

Gott konzentriert sich auf dich. Die Frage ist nur: Bist du dir seiner bewusst?

Wenn Gott so konzentriert ist, warum sind wir dann so abgelenkt? Gott will mit uns kommunizieren. Er will mit uns sprechen. Eigentlich spricht er ständig zu uns. Viele von uns wollen einfach nicht hören, was er sagt. Du denkst vielleicht, dass er nicht hörbar ist, aber eigentlich wartet er nur darauf, dass du auf das reagierst, was er bereits gesagt hat. Immer wenn ich nicht weiß, was ich als Nächstes tun soll, tue ich das Letzte, was er zu mir gesagt hat. Ich stelle fest, dass er mir immer mehr wunderbare Dinge zu tun gibt, je mehr ich das tue, was er sagt.

Gott ist für dich

Gott kennt mich und interessiert sich für mich. Aber da hört es nicht auf. Gott ist für mich!

*Du bist vor mir und hinter mir
und legst deine schützende Hand auf mich.*
– Psalm 139,5

Gott beschützt dich. Er hat einen Plan für dein Leben. Er hat für dich eine Bestimmung in seinem Königreich. Gott umgibt dich und hat seine Hand auf dich gelegt. Er ist überall um dich herum und tut das, was du nicht allein tun kannst. Er legt seine Hand auf dich.

Als dieser Psalm geschrieben wurde, war es gang und gäbe, dass man jemandem seine Hand auflegte, um ihn zu »segnen«. Wenn ein Vater seinen Sohn damit segnete, ihm sein Erbe zu geben, tat er das, indem er ihm seine Hand auflegte. Das Handauflegen symbolisierte Segen, Kraft und Erbschaft.

Es gibt viele Dinge, ohne die ich im Leben auskommen kann. Ich kann ohne viel Geld auskommen. Ich kann ohne Macht auskommen. Ich kann ohne Berühmtheit auskommen. Aber ich kann nicht ohne Gottes Hand auf meinem Leben auskommen. Ich brauche seinen Segen. Ich brauche seine Gunst.

Wenn Gott für dich ist, wer kann dann gegen dich sein? Mit Gott bist du in der Mehrheit. Keiner Waffe, die gegen dich geschmiedet wurde, wird es gelingen. Du bist mehr als ein Überwinder. Feinde werden aufstehen. Verräter werden auftreten. Hasser werden versuchen, dich niederzureißen. Zweifler werden über dich sprechen. Die ganze Welt wird vielleicht gegen dich sein. Aber wenn Gott für dich ist, wer kann gegen dich sein?

Dann spricht der Psalm das aus, was wir jetzt wahrscheinlich alle denken: »Dieses Wissen ist zu wunderbar für mich, zu groß, als dass ich es begreifen könnte!« (Ps 139,6).

Wie kann es sein, dass der Gott des Universums sich um uns kümmert, uns studiert und uns kennt und dass er, obwohl er alles weiß, was es über uns zu wissen gibt (unsere Sünden, unsere Schwächen, unsere Scham), immer noch für uns ist? Das ist zu wunderbar für mich, als dass ich es verstehen könnte. Der Psalmist kann Gott nicht begreifen, aber er entscheidet sich, ihm zu vertrauen. Kannst du Gott vertrauen? Wenn er dir sagt, dass du dranbleiben sollst, wenn er dir sagt, dass du warten sollst, wenn er dir sagt, dass du nicht an der Reihe bist, wenn er dir ein Nein gibt, kannst du ihm vertrauen? Wir sollten anfangen, nach Gottes Verheißungen zu leben, anstatt auf seine Erklärungen zu warten. Seine Verheißungen sind genug.

TEIL VIER

DIE AUSGESTOSSENE

Einer der Pharisäer lud Jesus zum Essen in sein Haus ein. Jesus nahm die Einladung an und setzte sich zu Tisch. Eine Frau aus dem Ort, die für ihren unmoralischen Lebenswandel bekannt war, erfuhr, dass er da war, und brachte ein Gefäß mit kostbarem Salböl. Sie kniete vor Jesus nieder und weinte. Ihre Tränen fielen auf seine Füße, und sie trocknete sie mit ihren Haaren. Dann küsste sie ihm wieder und wieder die Füße und salbte sie mit dem Öl. Als der Gastgeber sah, was da vorging und wer die Frau war, sagte er sich: »Das beweist, dass Jesus kein Prophet ist. Wäre er wirklich von Gott gesandt, dann wüsste er, was für eine Frau ihn da berührt. Eine Sünderin!« Jesus wusste, was er dachte, und sagte zu dem Pharisäer: »Simon, ich habe dir etwas zu sagen.« »Ja, Meister«, nickte Simon, »sprich nur.« Darauf erzählte Jesus: »Ein Mann lieh zwei Leuten Geld – dem einen fünfhundert Denare und dem anderen fünfzig. Als keiner der beiden ihm das Geld zurückzahlen konnte, erließ er ihnen ihre Schulden. Wer von den beiden liebte ihn danach wohl mehr?« Simon antwortete: »Ich nehme an, derjenige, dem er die größere

Schuld erließ.« »Das stimmt«, sagte Jesus. Dann wandte er sich der Frau zu und sagte zu Simon: »Schau dir die Frau an, die da kniet. Als ich dein Haus betrat, hast du mir kein Wasser angeboten, um mir den Staub von den Füßen zu waschen; sie hat meine Füße mit ihren Tränen gewaschen und mit ihrem Haar getrocknet. Du hast mir keinen Begrüßungskuss gegeben; sie hat mir unaufhörlich die Füße geküsst, seit ich hereingekommen bin. Du hast es versäumt, mir Gastfreundschaft zu erweisen und mir den Kopf mit Olivenöl zu salben; sie hat meine Füße mit kostbarem Salböl gesalbt. Ich sage dir, ihre Sünden – und es sind viele – sind ihr vergeben; deshalb hat sie mir viel Liebe erwiesen. Ein Mensch jedoch, dem nur wenig vergeben wurde, zeigt nur wenig Liebe.« Dann sagte Jesus zu der Frau: »Deine Sünden sind dir vergeben.« Die anderen Männer am Tisch sagten zueinander: »Für wen hält sich dieser Mann, dass er Sünden vergibt?« Und Jesus sagte zu der Frau: »Dein Glaube hat dich gerettet; geh in Frieden.«

LUKAS 7,36–50

KAPITEL 10

DIE FRAU OHNE NAMEN

Einer der Pharisäer lud Jesus zum Essen in sein Haus ein. Jesus nahm die Einladung an und setzte sich zu Tisch. Eine Frau aus dem Ort, die für ihren unmoralischen Lebenswandel bekannt war, erfuhr, dass er da war, und brachte ein Gefäß mit kostbarem Salböl.

Lukas 7,36–37

Miete versus Eigentum

Eines der Dinge, die ich auf dieser Welt am liebsten mag, ist der Aufenthalt in einem schönen Hotel. Nicht in einem Motel. Auch nicht in einem Hostel, von dem meiner Meinung nach das englische Wort »hostage« (Geisel) kommt. Nein, ich spreche von einem hübschen Hotel, wo die Zimmer ein großes, schönes Bett und flauschige Decken und Kissen haben, auf die das Personal jeden Abend diese kleinen, teuren Schokoladentäfelchen legt. Ein Ort mit Rund-um-die-Uhr-Zimmerservice. Also bitte, wer mag schon keinen Zimmerservice? Du nimmst das Telefon, bestellst und jemand bringt dir Essen aufs Zimmer! Du kannst jeden Tag im Bett frühstücken. Und mittagessen. Und abendessen. Es gibt einen Pool, einen Fitnessraum, einen Wellnessbereich, mindestens ein Restaurant und das Beste von allem: Personal. Ehrlich, manchmal frage ich mich, ob Gott mich nicht berufen hat, in einem schönen Hotel zu wohnen. Auch Hotelpagen brauchen Jesus, weißt du?

Schöne Hotels sind fantastisch, so fantastisch, dass die Menschen darin ihren Verstand verlieren können. Das ist extrem lustig. Okay, vielleicht verlieren sie nicht ihren Verstand, aber auf jeden Fall werden sie leichtfertiger. Beispielsweise duschst du dort immer extra lange. Du lässt einfach das Wasser laufen. Du bezahlst die Wasserrechnung ja schließlich nicht, oder? Sie ist im Zimmerpreis enthalten. Du willst ja alles auskosten, wofür du bezahlt hast!

Wenn du endlich mit deiner stundenlangen tropischen Duschbehandlung fertig bist, was tust du dann? Du hängst das Handtuch nicht wie ein zivilisierter Mensch an den Haken. Nein, du schleuderst es auf den Boden, als würdest du einen Football schmettern. Dort liegt es nun, zusammengeballt in der Ecke, tropfnass und schön muffig. Dann schnappst du dir ein Stück deiner auf Holzkohle gebackenen Pizza und schlüpfst ins Bett. Schließlich ist unter der Bettdecke der beste Ort, um Pizza aus dem Holzkohleofen zu essen, und hinuntergespült wird alles mit Cola light. Meine Frau und ich sind kürzlich im Hotel in eine Kissenschlacht geraten. Wer macht denn noch Kissenschlachten? Wir! Aber nur in Hotels, wo wir nicht aufpassen müssen.

Auf Dinge, die uns nicht gehören, passen wir oft nicht so gut auf. Mein Haus behandle ich nicht so wie ein Hotel. Mein Haus gehört mir und darum passe ich darauf auf. Ich hänge meine Kleider auf. Ich lege die Fernbedienung an den richtigen Ort. Ich hänge das Handtuch auf. Ich mache sogar mein Bett. Es gibt kein Zimmermädchen. (Als ich heiratete, dachte ich, DawnCheré würde den größten Teil dieser Dinge erledigen. Mannomann, lag ich falsch!) Warum mache ich all das zu Hause? Weil es mir gehört. Ich habe dafür bezahlt. Es hat mich etwas gekostet. Ich miete es nicht nur, es wird langfristig mein Eigentum sein. Wenn dir etwas gehört, dann passt du auch darauf auf.

In 1. Korinther 6,19-20 erinnert Gott uns daran, dass unsere Rettung ihn sehr viel gekostet hat: »Ihr gehört nicht euch selbst, denn Gott hat einen hohen Preis für euch bezahlt.« Jesus hat den Preis für deine Sünden in Vergangenheit, Gegenwart und Zukunft bezahlt. Er hat einen hohen Preis für dich bezahlt. Wie hoch war der Preis? An einem grausamen Kreuz hat er sein Leben für dich hingegeben. Mit seinem Blut hat er für deine Bestimmung bezahlt. Er hat dich nicht gemietet. Er hat dich erkauft. Und weil er dich erkauft hat, behandelt er dich mit Bedacht. Er hat einen Plan für dich. Dieser Plan ist nicht unbedacht. Er ist sehr bedacht. Je mehr uns klar wird, wie viel Gott für uns bezahlt hat, umso mehr lieben wir ihn und beten ihn an. Je mehr uns all das bewusst wird, was er getan hat, umso näher kommen wir ihm. Er ist nicht unbedacht. Er ist bedacht.

Eine Sünderin

In unserer vierten und letzten Geschichte in Lukas 7 begegnen wir einer Frau, mit der wir uns alle auf die eine oder andere Weise identifizieren können. Die Geschichte geht so. Jesus wird zum Abendessen in das Haus eines Pharisäers eingeladen. Ich finde es toll, dass hier steht, dass Jesus mit einem Pharisäer Zeit verbracht hat. Pharisäer haben unter Christen oft einen schlechten Ruf. Wir machen die Pharisäer gerne nieder. Sie sind die gesetzlichen, religiösen Heuchler, die die Römer dazu brachten, Jesus zu kreuzigen. Aber sie waren auch Menschen. Und Jesus liebte Menschen. Alle Menschen. In dieser Geschichte hält sich Jesus im Haus eines Pharisäers auf. Die meisten von uns wissen, dass Jesus Gnade für den verlorenen Sohn hat, aber weißt du, dass er auch für den Pharisäer Gnade hat? Jesus kam nicht nur für die, die das Verbrechen begangen haben. Er kam auch für die, die das Verbrechen richten. Er kann den Verbrecher und den Richter gleichermaßen retten.

Als Jesus dort ankommt, legt er sich zu Tisch. Dieses Bild gefällt mir. Kannst du dir vorstellen, wie Jesus sich da hinlegt und sich wie ein Boss zurücklehnt? Ich weiß, dass es eine kulturelle Sache war, auf Kissen am Tisch zu liegen, so wie wir heute auf Stühlen sitzen, aber ich stelle mir Jesus lieber als den Erfinder der Coolness vor. Er kommt in den Raum, lehnt sich zurück und fängt an, Wahrheit von sich zu geben. Wenn Jesus Auto fahren würde, wäre er in meiner Vorstellung einer der Typen, die mit weit zurückgelehntem Sitz und dröhnender Musik einfach durch die Gegend fahren.

Auf jeden Fall kommt dann eine Frau unangekündigt und ungeladen herein. Dem Gastgeber ist es peinlich, dass sie da ist, denn diese Frau gehört nicht zur ehrbaren Gesellschaft. Die Bibel berichtet nicht, wie sie hieß. Sie ist einfach bekannt als »die Sünderin«. Das ist ziemlich heftig. Kannst du dir vorstellen, die Menschen würden dich nur aufgrund der Sünden kennen, die du begangen hast? Keiner kennt deinen Namen. Man kennt dich nur aufgrund deiner Sünden. Deine Sünden sind deine Identität.

Stell dir mal vor, du begegnest anderen Menschen. Einer fragt dich: »Wie heißt du?« Du antwortest: »Ich heiße Habgier.« (Oder setze die Sünde deiner Wahl ein: Begierde, Getratsche, Trunkenheit, Zorn, Gefräßigkeit, was auch immer.) Die anderen würden dich geringschätzig und verurteilend ansehen. Man würde dich verspotten und meiden.

Andererseits wäre es in manchen Situationen vielleicht hilfreich. Wenn man sich zum Beispiel mit einem Mädchen anfreunden will. Ein Typ ruft einem Mädchen hinterher: »Du bist süß. Wie heißt du?« Sie blickt ihm in die Augen und sagt ihm geradeheraus: »Ich heiße Fremdgeherin.« Ich schätze mal, der Typ würde seine Hand zurückziehen und zu ihr sagen: »Alles klar. Ich bin dann mal weg.«

Wir bezeichnen uns nicht anhand unserer Fehler. Ich kenne niemanden, der auf andere zugeht und sich vorstellt als »Sorgenmacher« oder »Ehebrecher« oder »Missbraucher«. Uns selbst bezeichnen wir nicht so, aber andere schon. Ich sehe es immer wieder, wie Menschen anhand ihrer Fehler und ihres Verhaltens kategorisiert werden. Sie werden zu ihrem Fehler.

Das ist ein Grund, warum viele Leute Gemeinden um jeden Preis meiden. Selbst Menschen, die alles verbockt, Buße getan und Gottes Gnade angenommen haben, finden es manchmal schwierig, den schlechten Ruf abzuschütteln, den sie sich eingehandelt haben, bevor sie Jesus begegneten, wenn sie mit »Gemeindeleuten« zusammen sind. Sie werden oft daran erinnert, wer sie früher waren, anstatt daran, wer sie jetzt sind.

Ich habe Menschen sagen hören, Christen seien die einzigen, die ihre eigenen Verwundeten umbringen. Ich hasse diese Vorstellung. Das heißt, dass wir unsere eigenen Leute verletzen, unsere Geschwister, die zu uns kommen, weil sie Hilfe brauchen. Was wäre das für ein Krankenhaus, das zwar alle Menschen willkommen heißt, aber nur ein paar davon behandelt? Was wäre, wenn Menschen so krank wären, dass die Ärzte ihnen, statt sie zu behandeln, Medikamente gäben, die ihre Schmerzen nur noch verschlimmerten oder sie sogar umbrächten? Wie verrückt wäre das? Doch genau das geschieht jede Woche in Gemeinden überall in unserem Land. Es tauchen verwundete Menschen auf, die Liebe und Gnade und Freundlichkeit brauchen und die stattdessen auf verzogene Gesichter, harte Worte, verurteilende Blicke und Misstrauen treffen.

In der Gemeinde tragen die Menschen eine Maske, weil sie Angst haben, ihr wahres Ich zu zeigen und dafür verurteilt oder abgelehnt zu werden. Manchmal frage ich mich, was geschehen würde, wenn Maria, die Mutter von Jesus, heute als Fünfzehnjährige schwanger in einige unserer Gemeinden käme. Ich stelle mir vor, wie sie von einer Schar von Frauen angelächelt und begrüßt wird, aber ich schätze, dass, wenn sie weitergeht, um sich einen Sitzplatz zu suchen, mindestens eine der Frauen die anderen ansehen und flüstern würde: »Das ist Maria. Sie hat sich schwängern lassen. Sagt, der Vater sei der Heilige Geist. Die Arme. Betet für sie.«

Die Sünderin aus Lukas 7 hat sich wahrscheinlich manchmal ähnlich gefühlt. Sie kannte den stechenden Schmerz, eine soziale Außenseiterin zu sein, eine, die nichts galt. Die meisten Theologen gehen davon aus, dass sie eine Prostituierte war, aber was auch immer ihre Sünde gewesen sein mag, sie brachte ihr einen schlechten Ruf ein. Wer weiß, wie sie in diese missliche Lage geraten ist. Ich vermute, dass es nie ihre Absicht gewesen war, so zu enden. Kleine Mädchen träumen als Kinder nicht davon, ihren Körper zu verkaufen, um davon leben zu können. Aber aller Wahrscheinlichkeit nach war das genau der Punkt, an dem sie sich befand. Nacht für Nacht wurde ihr Körper von Männern gemietet. Keiner ging pfleglich mit ihr um. Sie war es gewöhnt, dass Menschen sie achtlos behandelten. Das war die Frau ohne Namen.

Sie lernt

In der Bibel steht, dass die Frau ohne Namen erfuhr, dass Jesus in der Stadt war. Zu diesem Zeitpunkt eilte Jesus sein Ruf schon voraus. Er war berühmt – so berühmt wie ein Rabbi zu jener Zeit eben sein konnte. Die Frau kannte Jesus noch nicht. Aber irgendwie hatte sie von ihm erfahren. Was sie wohl von ihm gehört hatte? Hatte sie gehört, dass Jesus über Heilungskräfte verfügte? Hatte sie gehört, dass das religiöse Establishment ihn als gefährlich einstufte? Hatte sie gehört, dass er behauptete, Sünden vergeben zu können? Hatte sie gehört, dass er Menschen von ihren Fesseln befreite und ihnen Freiheit schenkte? Wir wissen nicht, was die Menschen ihr über Jesus erzählt hatten, aber es war genug – genug, um sie zum Nachdenken zu bringen, genug, um ihr zu denken zu geben, genug, um sie fragen zu lassen: »Was wäre, wenn da etwas dran ist?«

Hast du schon einmal jemanden immer wieder in die Gemeinde eingeladen, aber er oder sie kam nie mit? Oder was ist mit dem Tag, an dem die Person dann endlich kam, aber der Hauptpastor nicht predigte oder er an jenem Tag über etwas sehr Tiefgehendes oder Seltsames sprach wie: »Schlagt eure Bibel im Buch Hesekiel auf.« Und du denkst: »Verdammt!« Oder der Prediger sagte: »Heute sprechen wir über Dämonologie.« Und du siehst deinen Freund oder deine Freundin an und sagst: »Sonst ist es nie so, echt jetzt.« Oder vielleicht hast du versucht, jemandem von Jesus zu erzählen und bist abgewiesen worden. Und du dachtest: »Dieses ganze Zeugnisgeben ist nichts für mich.« Bei solchen Gelegenheiten muss ich an das denken, was Paulus in 1. Korinther 3,6 schreibt: »Meine Aufgabe bestand darin, den Samen in eure Herzen zu pflanzen, und Apollos hat ihn bewässert; aber es war Gott – nicht wir –, der ihn wachsen ließ.« Unsere Aufgabe als Gläubige besteht nicht darin, Menschen zu retten. Noch nicht einmal sie zu überreden, dass wir recht haben. Unsere Aufgabe ist es nur, den Samen zu pflanzen und zu bewässern. Jesus lässt den Samen wachsen.

Als Kinder sind wir immer mit meiner Mutter Lebensmittel einkaufen gegangen. Da wir vier Jungs waren, gingen wir immer zur Großhandelskette *Costco* und kauften große Mengen ein. Mit vier Jungs zu Hause ist es toll, wenn man eine 4½-Liter-Flasche Mayonnaise hat. Es ist sinnvoll, Toilettenpapier palettenweise einzukaufen. Und wer kauft schon ein Dutzend Eier, wenn man gleich vier Dutzend auf einmal bekommen kann?

Ich liebte die Ecken bei *Costco*, in denen kleine Kostproben von Lebensmitteln angeboten wurden. Meine Brüder und ich kamen zu einer vollen Mahlzeit, indem wir unsere Runde durch diese Probierecken machten. Am liebsten hatten wir die Pizzastückchen. Ich weiß noch, wie ich das erste Mal diese kleinen Stückchen Manna kostete. In dem Moment, in dem ich davon kostete, war es um mich geschehen. Ich konnte nicht mehr aufhören, an sie zu denken. Natürlich lag ich meiner Mutter im Laden die ganze Zeit in den Ohren, bis sie schließlich etwas davon kaufte.

Darum geht es hier. Die Nachfolger Jesu müssen bereit sein, den Menschen eine Kostprobe davon zu geben, wie Jesus ist. Wenn die Menschen eine Kostprobe davon bekommen, wie gut Jesus ist, wollen sie am Ende mehr. Vielleicht steht deswegen in Psalm 34,8: »Schmecke und sieh, dass der Herr gut ist!« Wir müssen nicht die Schlausten, die Scharfsinnigsten oder die Begabtesten sein. Wir müssen nicht alle Antworten parat haben. Wir müssen nur bereit sein, den Menschen eine kleine Kostprobe von Jesus zu geben.

Jemand hatte der Sünderin aus Lukas 7 eine solche Kostprobe von Jesus gegeben. Sie hatte erfahren, dass Jesus in der Stadt war, also machte sie sich auf den Weg zu dem Haus und ging hinein. Irgendjemand hatte ihr einen Vorgeschmack gegeben, aber jetzt hatte sie die Gelegenheit, das Ganze zu bekommen. Diese gebrochene Frau war auf dem Weg zu ihrer Wiederherstellung. Und ein Nein als Antwort kam für sie nicht in Frage.

Die Welt

Wir können über ihren Hintergrund und über den Grund für ihren schlechten Ruf nur spekulieren. Vielleicht hatte sie ein schlechtes Elternhaus. Vielleicht sind ihre Eltern während der prägenden Jahre nicht für sie dagewesen. Vielleicht waren es schreckliche Eltern. Vielleicht haben sie auch alles richtig gemacht. Vielleicht war ihre Familie reich. Vielleicht aber auch arm. Vielleicht war sie gebildet, aber sehr wahrscheinlich nicht. Ich will auf Folgendes hinaus: Normalerweise können wir nicht kontrollieren, was um uns herum geschieht, aber wir können in der Regel kontrollieren, wie wir darauf reagieren.

Jeden Tag treffen wir Entscheidungen. Die Wirklichkeit von heute ist geprägt von den Entscheidungen von gestern, und morgen werden wir die Konsequenzen der Entscheidungen tragen, die wir heute treffen. Das Prinzip ist einfach, aber wir vergessen es oft. Wir wissen nicht genau, welche Entscheidungen diese Sünderin zu ihrem schlechten Ruf gebracht haben, aber sehr wahrscheinlich hat sie irgendwann angefangen zu glauben, dass die Welt sie glücklich machen könne. Wenn sie nur genug Geld verdienen, die Zuneigung des richtigen Mannes gewinnen, ein bisschen mehr sozialen Status erlangen würde, dann wäre sie sicherlich glücklich.

In diesem letzten Abschnitt will ich auf die Geschichte von der Sünderin eingehen, weil ich weiß, dass das sandige Fundament, das wir Christen »die Welt« nennen, ein kirchliches Wort ist und verwirrend sein kann. Wie können wir überhaupt unser Leben nicht auf die Welt bauen? Leben wir nicht in der Welt? Überleben wir nicht aufgrund der Welt?

Wenn ich sage, dass wir unser Leben nicht auf die Welt bauen sollen, meine ich Folgendes: Gottes machte eine gute Schöpfung. Als die ersten Menschen sündigten, wurde Gottes Schöpfung verdorben, aber es blieb auch Gutes bestehen: Schönheit, Freude, Nahrung, Gemeinschaft und vieles andere. Gott schuf die Menschen, damit sie sich an den guten Dingen erfreuen können, die er sogar noch machte, nachdem die ersten Menschen gesündigt hatten. Es wird erst dann problematisch, wenn wir nicht mehr den Schöpfer anbeten, sondern eines dieser geschaffenen Dinge. Wenn die guten Dinge, die Gott gemacht hat, uns wichtiger sind als Gott, ist die Enttäuschung vorprogrammiert.

Der Apostel Johannes warnt uns davor. Die Bibelübersetzung *The Message* drückt das so schön aus:

> *Liebt nicht die Wege dieser Welt. Liebt nicht die Güter*
> *dieser Welt. Die Liebe zur Welt erstickt die Liebe zum Vater.*
> *Praktisch alles, was in dieser Welt geschieht – dass wir*
> *unseren Willen haben wollen, dass wir alles für uns haben*
> *wollen, dass wir wichtig scheinen wollen –, hat nichts mit*
> *dem Vater zu tun. Das alles isoliert dich von ihm. Die Welt*

*und all ihr Haben-Wollen macht es nicht mehr lange –
aber wer tut, was Gott will, ist für die Ewigkeit gerüstet.
– 1. Johannes 2,15–17*

Johannes sagt uns, dass der Plan der Welt für unser Leben nicht mit Gottes Plan zusammenpasst. Die Welt will, dass wir es uns bequem machen und nur an uns denken – dass wir essen, trinken und fröhlich sind, denn morgen werden wir sterben. Die Welt blickt nicht über das Heute hinaus. Es geht nur um den Augenblick. Wenn sich etwas gut anfühlt, dann tu es. Wenn etwas gut klingt, nimm es dir. Wenn etwas gut schmeckt, dann iss es. Klingt toll, oder? Und es kann eine ganze Weile lang auch toll sein. Aber das Witzige an Gelüsten ist, dass sie immer stärker werden, je mehr du sie fütterst. Die Welt kann dir Erfolg, Macht und Vergnügen liefern, aber diese Dinge werden nie genug sein. Es gibt nie genug Erfolg, genug Macht oder genug Vergnügen. Das ist, als wolltest du den Horizont zu fassen bekommen. Du wirst ihn nie erreichen.

Eines meiner liebsten Hobbys ist, ins Kino zu gehen. (Wir können ein andermal darüber diskutieren, ob das ein echtes Hobby ist oder nicht. Für mich ist es jedenfalls eins.) Ins Kino gehen ist für mich ein Ereignis. Die ganze Abfolge ist wichtig. Ich komme zwanzig Minuten vor dem Film dort an und kaufe mir am Getränkestand eine eisgekühlte Cola, einen mittleren Eimer Popcorn und eine Tüte der weltbesten Süßigkeit, *Twizzlers*. (Die Überlegenheit von *Twizzlers* steht hier nicht zur Debatte.) Dann setze ich mich mindestens zehn Minuten vor Filmbeginn auf meinen Platz, weil ich unbedingt die Trailer sehen muss. Trailer sind etwas Tolles. Denk doch nur, ein zweistündiger Film wird in zwei Minuten zusammengefasst. Alle Highlights sind in eine einzige fantastische Bildabfolge hineingepresst. Die Filmmusik ist genau abgestimmt, die raue Baritonstimme des Sprechers klingt monumental und man hält es vor Spannung kaum aus. Alles ist so perfekt. Ich kann mich nicht daran erinnern, dass ich schon einmal einen Trailer gesehen habe und nicht sofort dachte: »Diesen Film muss ich unbedingt sehen!«

Leider stellt sich nur allzu oft heraus, dass der eigentliche Film nicht annähernd so gut ist wie der Trailer. Warum? Weil der Trailer etwas versprochen hat, was der Film nicht halten konnte. Genauso ist es mit der Sünde. Von außen betrachtet sieht alles toll aus, und wenn wir einen kleinen Vorgeschmack davon erhalten, bekommen wir Hunger nach mehr. Aber am Ende fühlen wir uns leer und unbefriedigt. Und anstatt uns von der Sünde abzuwenden, versuchen wir es oft lieber noch einmal und denken, dass es dieses Mal vielleicht anders sein wird. »Wenn ich nur noch ein bisschen mehr trinke ... Wenn ich nur noch das rauche ... Wenn ich nur mit ihr zusammenkomme ...« Aber das Endergebnis ist dasselbe. Die Sünde bringt uns immer weiter, als wir eigentlich gehen wollen, und lässt uns dort länger verweilen, als wir bleiben wollen.

Sünde führt immer zu mehr Sünde. Ein kleines bisschen Sauerteig durchsäuert nach und nach den ganzen Teig. Denk an Adam und Eva. Sie wurden aus dem Garten Eden verbannt, weil sie etwas von der verbotenen Frucht gegessen hatten. Und Adams Sohn Kain ermordete seinen Bruder Abel. Es ist scheinbar ein großer Schritt vom Essen der falschen Frucht bis zum Totschlag, aber Sünde führt zu noch mehr Sünde. Kleine Sünde führt zu großer Sünde. Und wenig Sünde führt zu mehr Sünde

Die Sünderin ohne Namen aus Lukas 7 steht für eine Person, die der Welt vertraut. Irgendwann in ihrem Leben glaubte sie der Lüge. Oft sind wir überrascht, wenn das Leben eines Menschen zusammenbricht. Wir fragen uns, wie die Katastrophe ihren Lauf nehmen konnte. Oft ist es eine Reihe von Kompromissen. Wie landete diese Frau auf der Straße, um ihren Körper für Sex zu verkaufen? Sie setzte das aufs Spiel, wofür sie geschaffen wurde. Sie tauschte ihre Integrität gegen die schnelle Lösung ein. Sie entschied sich für das Hier und Jetzt und ließ die Zukunft, für die sie gemacht worden war, außer Acht.

Wenn du dein Leben auf die Welt baust, wirst du am Ende immer Bankrott erleiden. Es wird dich mehr kosten, als du hast, und dir weniger übrig lassen, als du anfangs hattest. Es wird dich von innen heraus töten.

Ich habe einmal eine Geschichte über Eskimos in Alaska gehört, die Probleme mit Wölfen hatten, die ihr Dorf angriffen. Darum entwickelten sie einen klugen (wenn auch grausamen) Plan. Sie nahmen ein scharfes Messer, tauchten es in Blut und ließen dann das Blut auf dem Messer anfrieren. Dann steckten sie es mit der Klinge nach oben in die Erde. Die Wölfe in der Umgebung witterten das Blut, kamen zu dem Messer und leckten es ab. Sie mochten den Geschmack von Blut, aber es dauerte nicht lange, bis sie sich ihre Zungen am Messer aufschlitzten und ihr eigenes Blut leckten. Am Ende verbluteten sie, weil sie das leckten, was sie umbrachte.

Das ist ein tragisches Bild für die Menschheit. Wir kehren immer wieder zu den Dingen zurück, die uns umbringen. Wir kehren zurück, weil das Vergnügen so verlockend ist. Es ist so verlockend, dass wir bereit sind, für eine kurzzeitige Befriedigung alles aufs Spiel zu setzen, was wir haben und sind. Wie die Bibel schon sagt, macht Sünde eine Zeit lang Spaß. Aber wie alles andere dauert auch der Spaß nicht ewig an.

Wir kommen nur aus diesem Teufelskreis heraus, wenn wir aus der Finsternis heraustreten und ins Licht kommen. Wir müssen zugeben, dass wir Sünder sind. Wir müssen bekennen, umkehren und unser Leben Jesus übergeben. Solange wir über unsere Sünde schweigen, werden wir nie die Freiheit erleben, die Jesus uns anbietet.

Die Sünderin aus Lukas 7 ist in einer misslichen Lage. Von der Welt wurde sie zuerst ausgesaugt und dann ausgespuckt. Ihre Identität wurde auf ihre Sünde reduziert. Trotzdem hat sie etwas über Jesus erfahren und sie will noch mehr erfahren. Zu ihrem Glück war Jesu sich wiederholende Botschaft an die Menschen nur »Komm«. Was machst du, wenn die Welt dich ausgesaugt und ausgespuckt hat? Du kommst zu Jesus. Ganz egal, was du getan hast, ganz egal, was man dir angetan hat, komm zu Jesus.

Wenn du dein Leben verbockt hast, komm zu Jesus.

Wenn du kaputt bist, komm zu Jesus.

Wenn du abhängig bist, komm zu Jesus.

Wenn du Angst hast, komm zu Jesus.

Wenn du dich versteckst, komm zu Jesus.

Wenn du dich schämst, komm zu Jesus.

Wenn du schuldig bist, komm zu Jesus.

Diese Frau hat viel Gepäck. Sie hat viele Fehler gemacht, aber das hält sie nicht davon ab, zu Jesus zu kommen. Denk daran, es spielt keine Rolle, durch was du in deinem Leben gehst, sondern zu wem du gehst.

Die Menschen werden auf das schauen, was du getan hast, aber Gott sieht, was du tun wirst. Die Welt stempelt dich ab, aber Gott weiß genau, wie er deinen Namen ändern kann. Überall in der Bibel hat Gott Namen geändert.

- Aus dem kinderlosen »Abram« wurde »Abraham«, der Vater einer ganzen Nation.
- Aus dem Betrüger »Jakob« wurde »Israel«, das auserwählte Volk Gottes.

- Aus dem ängstlichen und nervösen Jünger »Simon« wurde »Petrus«, den Jesus »Fels« nannte.
- Aus dem Christenmörder »Saulus« wurde »Paulus«, der größte Apostel aller Zeiten.

Diese Frau war nur als Sünderin bekannt, aber Jesus war gekommen, um ihr eine neue Identität zu geben. Jesus ist nicht achtlos. Er ist bedacht und warmherzig. Vielleicht fühlst du dich identitätslos. Vielleicht fühlst du dich wie die namenlose Frau. Vielleicht glaubst du, dass die Sünde deine Identität ist. Ich glaube, dass Gott einen neuen Namen für dich hat und dass deine Fähigkeit zu empfangen nur durch deine Bereitschaft begrenzt wird, zu ihm zu gehen.

Die Welt ist stark, aber Gott ist stärker. Denk an Folgendes: »Denn die Kinder Gottes besiegen diese Welt; sie siegen durch den Glauben an Christus« (1Joh 5,14).

In Christus kannst du die Welt besiegen.

KAPITEL 11

LASS DEINE VERGANGENHEIT HINTER DIR

Sie kniete vor Jesus nieder und weinte. Ihre Tränen fielen auf seine Füße, und sie trocknete sie mit ihren Haaren. Dann küsste sie ihm wieder und wieder die Füße und salbte sie mit dem Öl. Als der Gastgeber sah, was da vorging und wer die Frau war, sagte er sich: »Das beweist, dass Jesus kein Prophet ist. Wäre er wirklich von Gott gesandt, dann wüsste er, was für eine Frau ihn da berührt. Eine Sünderin!«

LUKAS 7,38–39

Was ist das?

Ich mag gute Partys mit Familie, Essen, Freunden, Gemeinschaft und Spaß. Zu DawnCherés dreißigstem Geburtstag gab ich eine Riesenparty. Mit DJ, tollem Essen und einigen unserer besten Freunde, alle in weiß gekleidet. (Wir sind keine Promis, aber manchmal macht es Spaß, so zu tun, als wären wir es.) Wir tanzten und lachten den ganzen Abend.

Nach der Party fuhren wir mit einem Auto voller Geschenke für DawnCheré nach Hause. Um etwa 2 Uhr nachts saßen wir auf unserem Balkon und sie packte ihre Geschenke aus. Besonders eines weckte unser Interesse, eine extrem schwere Holzkiste. Auf der Karte stand, sie sei von unserem Freund Dave, der ein Kunstliebhaber und selbst sehr kreativ ist. Wir konnten nicht abwarten zu sehen, was er DawnCheré geschenkt hatte.

Wir machten uns über die Kiste her und entdeckten darin zwei steinartige Dinge. Beide wogen ungefähr je fünfzehn Pfund. Wir hatten keine Ahnung, was das sein sollte. Sie waren irgendwie cool, so cool wie zwei fünfzehn Pfund schwere Steine eben sein konnten. Aber sie waren nicht sonderlich schön. Es waren offensichtlich auch keine Skulpturen. Es stand auch nichts darauf, also hatte Dave offenbar nicht die originalen Zehn Gebote entdeckt, was ein ziemlich cooles Geschenk gewesen wäre. Handelte es sich um Mini-Stonehenge-Steinblöcke? Vielleicht war das Ganze ein Scherz und wir verstanden die Pointe nicht. Wir schlossen daraus, dass Dave ein größerer Künstler war als wir und dass sein Geschenk zu komplex für unseren Verstand war. Ich weiß noch, wie wir uns bei Dave für das Geschenk bedankten, aber keine Ahnung hatten, wofür wir uns da eigentlich bedankten.

Wochenlang lagen die beiden Steine auf dem Boden neben unserem Bett. Wir wussten nicht, wo wir sie hinlegen sollten, weil wir nicht wussten, wofür sie gut waren. Irgendwann später einmal telefonierten Dave und ich, und er fragte: »Wie findet ihr die Buchstützen, die ich euch geschenkt habe?« Anfangs wusste ich nicht, was er meinte. Dann fiel es mir ein. Die zwei großen Steine! »Ach ja, Mensch!«, sagte ich. »Toll! Sie sehen toll bei uns aus.« Als ich das Telefon weggelegt hatte, griff ich mir die Steine, äh, Buchstützen, und legte sie auf das Regal, jeweils ans Ende einer Reihe von Büchern. Sie sahen wirklich toll aus. Sie passten perfekt zum Stil unserer Wohnung.

Ein missverstandenes Geschenk findet in der Regel keine Verwendung. Hätte Dave mich nicht darüber ins Bild gesetzt, hätten die Buchstützen wahrscheinlich noch ein paar Wochen länger auf unserem Fußboden zugebracht, bevor sie am Ende im Müll gelandet wären. Es ist schwer, etwas zu schätzen, was man nicht versteht.

Ich bin schon oft Christen begegnet, die Gottes Geschenk der Errettung zwar ausgepackt haben, aber nicht wirklich verstehen, was sie da bekommen haben. Sie sind dankbar, zumindest so dankbar, wie man für ein Geschenk sein kann, das man nicht versteht, aber dann werfen sie es weg und erfahren nie die volle Kraft des Evangeliums.

Für manche besteht der schwerste Teil jedoch darin, das Geschenk anzunehmen.

Sag einfach danke

Manche Menschen wissen nicht, wie man ein Kompliment annimmt.
- »Du siehst heute toll aus.«
- »Nein, ich bin aufgestanden und hab mir das nur übergeworfen. Meine Haare sehen schlimm aus.«

- »Dein Hemd gefällt mir.«
- »Das da? Das ist schon total alt. Ich hatte nur keine Zeit, das andere zu bügeln.«

- »Du hast da oben toll geklungen.«
- »Bei der zweiten Strophe habe ich falsch gesungen und beim Refrain war ich nicht im Takt.«

Du willst Menschen ermutigen, aber sie lehnen deine Ermutigung ab. Vielleicht wollen sie sie nicht haben oder wissen nicht, wie man eine Ermutigung annimmt. Oder vielleicht nehmen sie sie nicht an, weil sie es dir nicht glauben.

So gehen viele Menschen auch mit Gottes Geschenk der Errettung um. Manche denken, sie bräuchten es nicht. Manche wissen nicht, wie sie es annehmen sollen. Wieder andere denken, es klingt zu gut, um wahr zu sein. Weil Errettung nämlich ein Geschenk ist, das nur empfangen werden und nicht durch menschliche Anstrengung verdient werden kann. Das Evangelium ist die gute Nachricht – das Geschenk, das zu gut ist, um wahr zu sein, ist tatsächlich wahr. Wir konnten nichts tun, um es zu verdienen, darum schenkte Gott es uns.

Paulus erklärt das in Epheser 2,8–9 so: »Weil Gott so gnädig ist, hat er euch durch den Glauben gerettet. Und das ist nicht euer eigenes Verdienst; es ist ein Geschenk Gottes. Ihr werdet also nicht aufgrund eurer guten Taten gerettet, damit sich niemand etwas darauf einbilden kann.« Wir sind aus Gnade gerettet, durch den Glauben. Errettung kommt von Gott. Sie hat nichts mit unseren Anstrengungen, gut zu sein, zu tun. Sie wird nicht verdient. Sie könnte nicht verdient werden. Darum wird sie als Geschenk bezeichnet und nicht als Lohn oder Bezahlung. Wir würden nicht wollen, dass Gott uns für das bezahlt, was wir verdient haben. Das einzige, was wir verdient haben, ist Strafe. »Denn der Lohn der Sünde ist der Tod; das unverdiente Geschenk Gottes dagegen ist das ewige Leben durch Christus Jesus, unseren Herrn« (Römer 6,23).

Errettung ist ein Geschenk Gottes. Leider nehmen zwar viele Menschen diese erstaunliche Wahrheit an, aber leben weiterhin so, als würde ihr Leben von ihren Werken abhängen. Aber wenn gute Werke sie nicht retten konnten, wie sollten gute Werke sie dann durchs Leben bringen? In dem Moment, in dem sie anfangen, durch Werke zu leben, fallen sie einem Geist der Verdammnis zum Opfer.

Der Dienst der Verdammnis

Lass uns zurückkehren zu der Geschichte über die Sünderin ohne Namen aus Lukas 7. In der Bibel steht, dass sie auf die Knie fiel, als sie sich Jesus näherte, und anfing, seine Füße mit ihren Tränen zu waschen. Sie öffnete ein Gefäß aus Alabaster und goss den duftenden Inhalt über Jesu Füße. Dann nahm sie ihr langes Haar und trocknete damit seine Füße.

Was um alles in der Welt tat sie da? Wie würdest du reagieren, wenn eine Prostituierte ungeladen zu einer Party erschiene, bei der du der Ehrengast wärst, sich vor dir niederkniete, ein Marmorfläschchen mit Parfüm öffnete und dann deine Füße mit diesem Parfüm und ihren Tränen schrubbte? Und danach deine Füße mit ihren Haaren trocknete. Du würdest völlig abschnallen, oder? Aber Jesus schnallte nicht ab. Jesus wusste genau, was diese Frau tat.

Zu jener Zeit war es ein Zeichen des Respekts, wenn man den Kopf eines anderen mit Öl oder Parfüm salbte. Aber diese Frau fühlte sich wahrscheinlich nicht würdig, Jesus auf diese Weise zu ehren, darum salbte sie seine Füße, den untersten Teil seines Körpers. Lukas berichtet uns, dass sie Jesus sogar die Füße küsste, ein Zeichen äußerster Demut und Ergebenheit. Die Frau drückte ihre ungeheure Dankbarkeit Jesus gegenüber aus, sehr wahrscheinlich für das unverdiente Geschenk der Errettung. Ihre Freude in der Gegenwart Jesu war so überwältigend, dass sie nicht aufhören konnte zu weinen. Ihre Verehrung war laut und sichtbar.

Aber mitten in ihrer wunderschönen Reaktion auf Jesu Gnade zeigt die Verdammnis ihre hässliche Fratze:

Als der Gastgeber sah, was da vorging und wer die Frau war, sagte er sich: »Das beweist, dass Jesus kein Prophet ist. Wäre er wirklich von Gott gesandt, dann wüsste er, was für eine Frau ihn da berührt. Eine Sünderin!« – Lukas 7,39

Der Gastgeber der Party, ein Pharisäer, war außer sich, dass Jesus sich von dieser Frau, die wahrscheinlich eine Prostituierte war, berühren ließ. Sie war unrein. Was dachte er sich dabei, dass er ihre Berührungen zuließ? Wie die Reaktion des Pharisäers beweist, braucht es nicht viel, damit ein Geist der Verdammnis sichtbar wird. Du musst nur anfangen, Sünder zu lieben. In dem Moment wird die Verdammnis sich erheben. Wir dürfen die Stimme des Pharisäers nicht lauter sprechen lassen als die Stimme des Retters. Wir dürfen die Verdammnis nicht lauter sprechen lassen als die Gnade.

DawnCheré und ich waren einmal in Santa Monica und ließen es uns dort auf der Third Street Promenade gut gehen. Das ist eine wunderschöne Straße mit tollen Läden und super Restaurants. Die Straße ist für Fahrzeuge gesperrt und mittendrin sind alle möglichen Straßenkünstler am Werk. Stundenlang saßen wir dort und schauten und hörten einigen sehr talentierten und einigen weniger talentierten Straßenkünstlern aus Los Angeles und Umgebung zu.

Das eine Mal, als ich über die Promenade spazierte, bemerkte ich eine riesige Menschenmenge, was normal ist, vor allem dann, wenn ein Künstler besonders talentiert ist. Aber mit dieser Menge war irgendetwas anders und das fesselte meine Aufmerksamkeit. Als ich näherkam, hörte ich etwas, das wie eine Predigt klang, aber die Stimme des Mannes war harsch, verbittert und wütend. Ich drängte mich durch die Menge und sah, wie ein Mann sich die Seele aus dem Leib predigte. Schön und gut. Sein Thema war das Gericht Gottes.

Das ist wahrscheinlich nicht gerade das Thema, für das du unbedingt in einer Menge aufstehen und laut predigen willst, aber es ist sicher nicht unbiblisch. Ein paar Propheten aus dem Alten Testament waren ziemlich gut darin. Und dieser Kerl wetterte gegen alle möglichen Sünden – sexuelle Sünden, Beziehungssünden, Ernährungssünden, politische Sünden, such dir was aus. Verärgert und laut predigte er darüber und tat das auf eine Art und Weise, die ziemlich beleidigend war. Ich bin ein Fan von liebevoller Strenge und definitiv auch von biblischer Wahrheit, aber das war schon offensichtlich ausfällig. Er hatte ein offenes Mikrofon in die Mitte der Menge gestellt und lud jeden ein, ein Schritt ans Mikrofon zu machen und ihn herauszufordern. Er wollte offenbar nur, dass die Leute ihn verärgerten, um in zornige Hetzreden verfallen zu können.

Ich sah zu, wie fünf oder sechs Leute zum Mikrofon gingen und ihm ihre Fragen stellten. Aber die Art und Weise, wie er sie mit seinen »fachkompetenten« Antworten widerlegte, war unangenehm. Und zum Abschluss verkündete er ihnen, dass sie böse und dazu verdammt seien, die Ewigkeit in der Hölle zu verbringen. Er hatte auch einen Pulk von Leuten dabei, die lachten, jubelten und jeden verurteilten, der es wagte, den Prediger herauszufordern.

Verletzt und enttäuscht über das, was ich sah, schaute ich ein paar Minuten lang zu. Waren das wirklich Christen? Glaubten sie wirklich, dass Jesus das meinte, als er uns sagte, wir sollten das Evangelium verkündigen? Ich wollte gerade gehen, als ein junger Mann ans Mikrofon ging. Er stellte sich höflich vor und sagte, dass er schwul sei. Dann fragte er den Prediger: »Hasst Gott mich, weil ich schwul bin?«

Der Prediger reagierte wie erwartet. Er schleuderte dem jungen Mann gemeine und gehässige Beleidigungen entgegen, angeblich im Namen Gottes. Dann forderte er den Mann auf, Buße zu tun oder sich stattdessen darauf einzustellen, in der Hölle zu schmoren. In jenem Moment hatte ich genug. Ich ging in die Mitte der Menge, wo der junge Mann stand, nahm das Mikrofon und begann, das Evangelium zu predigen.

Ich sagte dem Prediger: »Eine Last für Verlorene zu haben, bedeutet nicht, zornig auf die Verlorenen zu sein. Sünde zu hassen bedeutet nicht, Sünder zu hassen.« Er stellte das Mikrofon aus, aber ich sagte: »Ich brauche kein Mikrofon.« Ich sah die Menge an und sagte: »Im Römerbrief steht, dass dort, wo die Sünde groß ist, die Gnade noch größer ist. Es ist Gottes Güte, die uns zur Umkehr leitet. Errettung ist heute ein unverdientes Geschenk, das ihr in Empfang nehmen könnt. Kehrt um und glaubt an den Herrn Jesus Christus, dann werdet ihr gerettet werden.«

Ich wünschte, ich könnte sagen, dass dort sofort eine Erweckung ausbrach, dass der Heilige Geist plötzlich wie ein Windstoß erschien. Aber nichts Außergewöhnliches ereignete sich, obwohl ein paar Leute in der Menge mir mehr Fragen über Jesus stellten und darüber, was ich glaubte.

Die Verkündigung der Gnade ist faszinierend und voller Kraft. Und für manche Menschen, wie für den Straßenprediger, bedeutet es scheinbar, ausfällig zu werden. Andere können nicht annehmen, dass ein gerechter Gott Menschen vergeben würde, die keine Vergebung verdienen. Was sie nicht verstehen, ist, dass wir keine Vergebung verdienen. Wenn das der Fall wäre, würden wir sie gar nicht erst brauchen.

Sünde ist natürlich schrecklich, und wir sollten zur rechten Zeit darauf hinweisen. Ich sage nicht, dass wir Sünde verharmlosen sollten. Ich meine aber, dass wir stattdessen noch viel mehr auf die Gnade hinweisen sollten. Mit Verdammnis lässt sich gut Scham, Schuld und Angst erzeugen. Aber nichts davon sollte als Grundlage für eine gesunde Beziehung mit Gott oder einem anderen Menschen dienen. Beziehungen wachsen und reifen auf dem Fundament von Ehrlichkeit, Vertrauen und Liebe. Und eine solche Beziehung will Gott mit uns haben.

Hast du schon einmal geschummelt? Sei ehrlich. In meinem Spanisch-2-Kurs in der Highschool habe ich geschummelt. Ich tat das, als ich beim Nachsitzen einen Test schreiben musste. (Ich weiß nicht mehr, warum ich nachsitzen musste. Wahrscheinlich, weil ich geschummelt hatte.) Ms. Cork hatte an diesem Tag die Aufsicht über die Nachsitzer. Wahrscheinlich hattest du an deiner Schule auch eine solche »Ms. Cork« – mit dunklen, wachsamen

Augen, denen nichts entging, und die nicht zögern würde, hart durchzugreifen. Unheimlich.

Bei diesem Test sollte ich einen Bibelvers auf Spanisch aufschreiben. Ich hatte für den Test nicht gelernt, darum kannte ich den Vers nicht, vor allem nicht auf Spanisch. Also tat ich, was jeder frontalhirngeschädigte Teenager getan hätte. Bevor ich den Raum betrat, schrieb ich mir den Vers auf einen meiner Arme. Ich trug eine Jacke und schob den Ärmel immer ein wenig hoch, um den Vers sehen zu können. Aber als ich meinen Test abgab, wurde ich erwischt. Als ich Ms. Cork meinen Test in die Hand drückte, rutschte mein Ärmel ein wenig hoch, gerade so viel, dass sie bemerkte, dass ich mir etwas auf die Haut gekritzelt hatte. »Was ist das, Mr. Wilkerson?«, fragte sie. Sie hatte mich auf frischer Tat ertappt.

In einem Versuch, mich herauszuwinden, antwortete ich: »Ich habe das heilige Wort auf meinen Körper geschrieben, damit ich nicht gegen Gott sündige.« Was für ein Schock. Es funktionierte nicht. Sie reichte meinen Namen beim Dekan ein.

In der nächsten Woche rief mich der Dekan in sein Büro. Ich hatte Angst. Er wusste, dass ich geschummelt hatte. Ich verdiente es, in dem Kurs durchzufallen, und wenn man mich noch einmal beim Schummeln erwischen würde, würde ich ausgeschlossen werden. Doch anstatt mich durchfallen zu lassen, redete der Dekan mit mir. Und was noch schockierender war, er vergab mir, was ich getan hatte. Wir unterhielten uns eine Zeit lang über die Schule, über Gott und über Gnade. Er sagte, ich solle mich nicht mehr so verhalten. Ich wusste, dass er recht hatte. In meinem Spanisch-2-Kurs habe ich nie wieder geschummelt.

Was ist wirkungsvoller, Verdammnis oder Vergebung? Sieh dir die Welt an. Warum sind wir in solch einem Chaos? Weil es zu viel Gnade und Vergebung gibt und wir immer die andere Wange hinhalten? Oder weil es zu viel Schuld, Rache und Vergeltung gibt? Unsere Welt steckt in solch einem Chaos wegen der Sünde. Gott sagt uns, dass er der Richter aller Sünden sein wird, aber in unserer Ungeduld bestehen wir darauf, Gott den Hammer aus der Hand zu reißen und das auszuteilen, was wir für gerecht halten, hier und jetzt, und die Ergebnisse sprechen für sich.

Lob sei Gott, dass, wenn wir Jesus vertrauen, das Gericht nicht auf uns fällt. Paulus sagt uns in Römer 8,1 (SLT): »So gibt es jetzt keine Verdammnis mehr für die, welche in Christus Jesus sind.«

Wir haben alle versagt, aber Preis sei Gott für Jesus, in dem uns allen vergeben wurde.

Vergebung

Das ist eine meiner dauerhaften Lieblingsstellen über Gottes Vergebung:

Denn vorher wart ihr tot aufgrund eurer Schuld und weil euer altes Ich euch bestimmt hat. Doch Gott hat euch mit Christus lebendig gemacht. Er hat uns alle unsere Schuld vergeben. Er hat die Liste der Anklagen gegen uns gelöscht; er hat die Anklageschrift genommen und vernichtet, indem er sie ans Kreuz genagelt hat. Auf diese Weise hat Gott die Herrscher und Mächte dieser Welt entwaffnet. Er hat sie öffentlich bloßgestellt, indem er durch Christus am Kreuz über sie triumphiert hat. – Kolosser 2,13–15

Diese Stelle beginnt mit der Tatsache, dass wir tot waren aufgrund unserer Schuld. Wir haben uns nicht nur danebenbenommen. Wir waren tot. Doch Gott machte uns lebendig, indem er die Anklageschrift (das Gesetz) gegen uns vernichtet hat. Es ist wichtig zu verstehen, was das Gesetz ist, um das Geschenk der Errettung wirklich schätzen zu können. Es ist schwer zu verstehen, warum das Evangelium eine gute Nachricht ist, wenn wir die schlechte Nachricht nicht kennen.

Im Garten Eden hatten Adam und Eva vollkommene, innige Gemeinschaft mit Gott. Nichts beeinträchtigte diese Art der Beziehung. Es gab keine Unmoral. Es gab keine Sünde. Adam und Eva waren nackt und schämten sich nicht. Sie wandelten mit Gott in der Kühle des Abends. Doch dann sündigten die beiden gegen Gott, indem sie von dem Baum aßen, von dem Gott gesagt hatte, sie sollten nicht davon essen – dem Baum der Erkenntnis von Gut und Böse. Sobald sie das taten, wurde die Vollkommenheit ihrer innigen Beziehung mit Gott besudelt – so wie eine Freundschaft überschattet wird, wenn ein Freund das Vertrauen des anderen missbraucht. Adam und Eva wurden aus dem Garten verbannt und ein Engel bewachte den Eingang mit einem flammenden Schwert. Das ist ein Bild für das, was die Sünde tut. Sie trennt uns von Gott. Warum? Weil Gott heilig, makellos und gerecht ist und keine Sünde in seiner Gegenwart sein kann.

Nebenbei bemerkt ist das der Grund, warum wir Sünde nicht in Kategorien einteilen sollten. Ich höre oft, wie Christen so reden, als wären einige Sünden schwerer als andere. Ich weiß nicht, ob das stimmt, aber ich weiß, dass Gott Sünde hasst. Jede Sünde. Ob groß oder klein. Ob unsere Gesellschaft sie akzeptiert oder nicht – Gott hasst Sünde.

Wir haben die seltsame Angewohnheit, unsere Sünden mit den Sünden anderer zu vergleichen. Solange wir besser sind als unsere Nächsten, glauben wir, wir wären gut. Aber Tatsache ist, dass unsere Nächsten nicht das Maß der Dinge sind. Gott ist der Maßstab. Und die Kluft zwischen von der Sünde verunreinigten Menschen und einem heiligen und gerechten Gott ist unfassbar tief. Sünde trennt uns von Gott. Sie setzt einen riesigen Abgrund zwischen uns und Gott. Die Existenz der Sünde an sich ist entscheidend, und nicht wie groß oder wie klein eine jeweilige Sünde unserer Meinung nach ist.

Diesen Abgrund überbrücken zu wollen, um in eine Beziehung mit Gott zu kommen, ist wie der Versuch, zum Mond zu springen. Unsere Sünde, ganz egal wie groß oder klein, trennt uns von Gott, und unsere guten Werke, egal wie gut sie sind, können diesen Abgrund noch nicht einmal ansatzweise überbrücken oder der Vollkommenheit Gottes in irgendeiner Weise nahekommen.

Als die Sünde in die Welt kam, wurde das Leben ganz schnell schlechter. Wie wir schon besprochen haben, führt Sünde zu noch mehr Sünde. Sie hat die Tendenz, sich exponentiell zu vermehren. Deshalb erhielt Mose auf dem Berg Sinai das Gesetz, zunächst in Form der Zehn Gebote. Danach weitete es sich aus auf das levitische Gesetz und viele andere Gesetze. Diese Bestimmungen waren genau und konkret und mussten von den Priestern und dem Volk eingehalten werden. Wer nicht gehorchte, wurde auf unterschiedliche Weise bestraft. Innerhalb dieser Regel- und Gesetzesstruktur wurde ein Mechanismus eingerichtet, mit dessen Hilfe die Sünden jedes Jahr gesühnt werden konnten. Mit anderen Worten, es gab für die Israeliten eine Möglichkeit, sich mit ihrem vollkommenen Gott auszusöhnen.

Sühne

Der Sühnevorgang funktionierte im Grunde folgendermaßen. Man brachte irgendein Tier, normalerweise ein junges Lamm, zum Priester, der das Lamm für Gott schlachtete und opferte. Das führte zur Vergebung der Sünden des Menschen, der das Opfer zum Priester brachte. Gemäß dem Gesetz musste Blut vergossen werden, um die Sünden zu sühnen. Leider konnten diese Tieropfer die Sünde nur bedecken, nicht aber beseitigen. Wenn man wieder sündigte, wurde die letzte Bedeckung aufgehoben und die Beziehung mit Gott war erneut beeinträchtigt. Man musste auf den nächsten Versöhnungstag warten, um das ganze Ritual abermals durchzuführen.

Aber Gottes Plan, die Menschen mit sich zu versöhnen, hörte hier nicht auf. Tieropfer galten eine Zeit lang, aber nicht ewig. Schließlich sandte Gott seinen einzigen Sohn, Jesus, auf eine Mission, um Sünder zu retten. Jesus kam, um das zu tun, was wir nie hätten tun können und was Tieropfer nie geschafft hätten. Er erfüllte jeden Teil des Gesetzes, voll und ganz. Darum sagte er, dass er nicht kam, um das Gesetz abzuschaffen, sondern um es zu erfüllen. Vollkommen.

Aber trotz seines vollkommenen Lebens wurde Jesus zum Tod am Kreuz verurteilt. Er starb nicht wegen seiner eigenen Sünde. Er starb aufgrund unserer, deiner und meiner Sünde. Jesus nahm unsere Strafe auf sich. Er nahm unseren Tod auf sich, den Tod, den wir infolge unserer Sünde eigentlich verdienen. Er starb nicht nur *für* dich; er starb *als* du. Sein vollkommenes Blut wurde als äußerste und letzte Sühnung für deine Sünden vergossen.

Darüber hinaus kam Jesus nicht nur, um unsere Sünde zuzudecken. Er kam, um sie zu beseitigen, zu vernichten – die Sünde der Vergangenheit, der Gegenwart und der Zukunft, sie ist weg. Keine alljährlichen Tieropfer mehr. Das Opfer Jesu war das einzige Opfer, das ausreichte, um die Sünden aller Zeiten zu sühnen. Darum rief Johannes der Täufer: »Seht her! Da ist das Lamm Gottes, das die Sünde der Welt wegnimmt!« (Joh 1,29).

Darum spricht die Bibel von Jesus als unserem Hohepriester, wenn sie von dem spricht, was er am Kreuz vollbracht hat.

> *Dieser Hohe Priester dagegen brachte sich selbst Gott als ein Sündopfer dar, das für alle Zeit wirksam ist. Dann setzte er sich auf den höchsten Ehrenplatz an Gottes rechter Seite. Dort wartet er, bis seine Feinde zu einem Schemel unter seinen Füßen erniedrigt werden. Denn durch dieses eine Opfer hat er alle, die er heiligt, für immer vollkommen gemacht. – Hebräer 10,12–14*

Achte mal darauf, dass Jesus sich an die rechte Seite des Vaters gesetzt hat. Warum sitzt er? Weil sein Opferwerk vollbracht ist. Er hat die Aufgabe erfüllt. Jesus beseitigte die Anklageschrift, die gegen uns war. Er nagelte sie ans Kreuz. Er hat sie öffentlich zur Schau gestellt. Das war nicht irgendeine nebensächliche Absprache zwischen Jesus und Gott. Das war schon immer der Plan gewesen. Jesus, der Sohn Gottes, sollte freiwillig sein Leben als letztendliches Opfer für unsere Sünden niederlegen, damit Gott uns das Geschenk der Errettung machen konnte. Und das geschah öffentlich. Jesus machte aus dem Kreuz eine Brücke, und jetzt können wir den Abgrund überqueren und mit Gott, unserem Vater, versöhnt werden.

Das Kreuz ist nicht nur ein Symbol. Es ist eine Erklärung vom himmlischen Thron, dass die Strafe für unsere Sünde bezahlt wurde. Vergebung steht bereit. Die Sünde wurde beseitigt. Die Beziehung mit Gott ist wiederhergestellt. Eden ist wieder geöffnet!

Doch wenn wir nicht aufpassen, vertun wir diese erstaunliche Errettung, indem wir zulassen, dass die Verdammnis uns beherrscht. Die Sünderin ohne Namen machte sich auf den Weg zu den Füßen Jesu. Andere im Raum glaubten, sie wäre nicht würdig, überhaupt im Raum zu sein. Sie glaubten, dass ihre Vergangenheit ein Ausschlusskriterium wäre. Aber Jesus hieß sie willkommen.

Ich will nicht, dass du in der Schande der Verdammnis lebst. Jesu Opfer war so viel größer, als du dir vorstellen kannst. Egal wo du heute bist, ich will dich mit diesen drei Wahrheiten ermutigen, die ich über Gottes Gnade gelernt habe.

1. Es gibt keine Sünde, die für Gottes Gnade zu groß wäre.
Es interessiert mich nicht, was du getan hast. Wenn du Gottes Gnade annimmst, ist das mehr als genug:

Ich bin überzeugt: Nichts kann uns von seiner Liebe trennen. Weder Tod noch Leben, weder Engel noch Mächte, weder unsere Ängste in der Gegenwart noch unsere Sorgen um die Zukunft, ja nicht einmal die Mächte der Hölle können uns von der Liebe Gottes trennen. Und wären wir hoch über dem Himmel oder befänden uns in den tiefsten Tiefen des Ozeans, nichts und niemand in der ganzen Schöpfung kann uns von der Liebe Gottes trennen, die in Christus Jesus, unserem Herrn, erschienen ist. – Römer 8,38–39

Lass uns das mal ansehen. Der Tod kann uns nicht von der Liebe Gottes trennen, die in Jesus ist. Auch nichts im Leben kann uns von ihr trennen. Noch nicht einmal übernatürliche Engel oder Dämonen. Und auch keine andere Macht. Es gibt keinen Ort, der zu hoch oder zu tief wäre für Gottes Liebe. Nichts, überhaupt nichts in der gesamten Schöpfung kann dich von Gottes Liebe in Jesus Christus trennen. Das deckt wohl alles ab.

Schau auf Jesus anstatt auf deine Sünde. Er verdammt dich nicht. Immer wenn ich schwache Momente habe, erinnert mich der Heilige Geist an Jesus. Selbst wenn ich schwach bin, ist er noch stark. Paulus hat es so ausgedrückt:

Und er hat zu mir gesagt: Meine Gnade genügt dir, denn meine Kraft kommt in Schwachheit zur Vollendung. Sehr gerne will ich mich nun vielmehr meiner Schwachheiten rühmen, damit die Kraft Christi bei mir wohne.
– 2. Korinther 12,9 ELB

2. Deine Identität wird nicht durch das bestimmt, was du getan hast. Deine Identität besteht in dem, was Gott über dich sagt.

Sieh mal, ich kenne dich nicht. Vielleicht hast du ein paar schlimme Dinge getan, so richtig schlimm, Dinge, die mir vielleicht Angst einjagen würden oder die du niemandem erzählen würdest oder für die du dich bis heute schämst. Aber hör mir zu, ich habe auch schlimme Sachen gemacht, von denen ich nicht will, dass du sie weißt. Sachen, bei denen ich zusammenzucke, wenn ich an sie denke, Sachen, bei denen ich fast alles dafür geben würde, sie ungeschehen zu machen. Aber die tolle Nachricht ist: Wir müssen uns von diesen Sachen nicht bestimmen lassen. Gott hat uns gemacht. Wir sollten uns von ihm bestimmen lassen. Darum ist es so wichtig, dass wir Gottes Wort in unserem Leben Wurzeln schlagen lassen. Wir müssen sein Wort mehr hören als die Worte der Welt.

Vielleicht fühlen wir uns nutzlos, aber Gott sagt, dass wir erstaunlich und wunderbar gemacht wurden. Das bedeutet, er hat uns geplant und darauf geachtet, dass wir genauso gemacht werden, wie er es wollte. In der Bibel steht, dass wir durch Christus Jesus die Gerechtigkeit Gottes sind. Was wäre, wenn wir diese Wahrheit ergreifen könnten? Wir sind die Gerechtigkeit Gottes durch Christus Jesus. Was für ein Gedanke! Der alte, kleine Rich Wilkerson, gefallen, sündig, tot in seinen Sünden, ist die Gerechtigkeit Gottes dank Jesus Christus. Das sollten wir jeden Tag über unserem Leben aussprechen. Wir sind die Gerechtigkeit Gottes durch Jesus Christus. Ich fordere dich heraus, diese Wahrheit selbst in Zeiten des Versagens und der Schwäche auszusprechen, weil die Wahrheit dieser Aussage feststeht; sie ändert sich nicht aufgrund unseres Verhaltens. Sie ist in dem vollbrachten Werk Jesu am Kreuz verankert.

Kürzlich sprach ich mit meiner zweijährigen Nichte Carolina Lee. Ich fragte sie: »Carolina, weißt du eigentlich, dass du das hübscheste Mädchen auf der ganzen Welt bist?«

»Ja.«

»Carolina, weißt du eigentlich, dass du das klügste Mädchen auf der ganzen Welt bist?«

»Ja.«

»Carolina, weißt du eigentlich, dass du die beste Sängerin der ganzen Welt bist?«

»Ja.«

Dann fragte ich sie: »Woher weißt du das alles, Carolina?« Sie schaute mir in die Augen und antwortete selbstsicher: »Mein Papa hat mir das gesagt.«

Wenn du gläubig bist, dann spricht dein himmlischer Papa zu dir. Was könnte in deinem Leben geschehen, wenn du anfangen würdest, seinen Worten zuzuhören? Was wäre, wenn, du anfangen würdest zu glauben, was er sagt – darüber, wie sehr er für dich sorgt, über deine Zukunft, über die Hoffnung, die er für dich hat, über die Tatsache, dass er alles für uns zum Guten führt? Mein Freund, vor dir liegt eine strahlende Zukunft. Woher ich das weiß? Weil in Jeremia 29,11 steht: »»Denn ich weiß genau, welche Pläne ich für euch gefasst habe«, spricht der Herr. ›Mein Plan ist, euch Heil zu geben und kein Leid. Ich gebe euch Zukunft und Hoffnung.‹«

3. Du kannst deine Vergangenheit nicht ändern, aber du kannst deine Zukunft gestalten.

Manche Menschen verbringen ihr ganzes Leben mit dem Versuch, die Vergangenheit zu ändern, sie wollen alles kompensieren, ihre Fehler, die verpassten Geburtstage, die Missstände, die sie verursacht haben. Manchmal versuchen sie sogar, ihre Lebensgeschichte dahingehend zu ändern, dass sie sie nicht mehr so schlecht in Erinnerung haben, wie sie eigentlich war. Aber trotz all ihrer Bemühungen ist die Vergangenheit nicht zu ändern. Vorbei ist vorbei. Es ist zwecklos, die Vergangenheit ändern zu wollen. Und wenn man immer zurückschaut, ist es auch schwer, nach vorne zu gehen. Es ist schwierig, mit dem Auto vorwärts zu fahren, wenn man immer nur in den Rückspiegel starrt.

Solange ein Zirkuselefant jung ist, legt sein Trainer ihm eine Kette um das Fußgelenk. Die Kette wird an einem Pflock im Boden festgemacht, damit der junge Elefant nicht davonläuft. Interessanterweise verwendet der Trainer noch dieselbe Kette und denselben Pflock, wenn der Elefant ausgewachsen ist, obwohl diese jetzt nicht mehr annähernd stark genug sind, um einen ausgewachsenen Elefanten festzuhalten. Wenn der ausgewachsene Elefant also weglaufen wollte, könnte er es. Trotzdem versucht er es nicht, weil man ihm beigebracht hat zu glauben, dass er diese Kette nicht zerreißen kann. Es ist also nicht die Kette, die den ausgewachsenen Elefanten zurückhält, sondern seine Glaubensüberzeugung. Als Mensch, dem vergeben wurde und der an Christus glaubt, glaubst du vielleicht, dass deine Vergangenheit dich zurückhält. Aber in Wirklichkeit hat deine Vergangenheit keine Macht über dich. Nur deine Glaubensüberzeugung hält dich am Boden. Entscheide dich, in der Kraft Christi voranzugehen, dann kann diese Kette dich nicht mehr festhalten.

Paulus macht diesen Punkt auf so starke Weise anschaulich. Früher war Paulus ein Pharisäer mit dem Namen Saulus, und er war ein richtig guter Pharisäer. Er war ein Eiferer für den jüdischen Glauben. Er kannte das Gesetz in- und auswendig, und von Gesetzesbrechern war er nicht angetan, um es gelinde auszudrücken. Saulus' Vollzeitjob war es nämlich, Christen zu jagen und sie dafür zu bestrafen, dass sie das Gesetz brachen. Manchmal bedeutete das, sie zu töten.

Aber dann kam der auferstandene Jesus zu Saulus. Er erschien Saulus, als er auf dem Weg nach Damaskus war, um sich die dortigen Christen vorzuknöpfen. Diese Begegnung mit Jesus veränderte Saulus' Leben. Von da an war Saulus nur noch als »Paulus« bekannt, und Paulus' Bedeutung für das Königreich Gottes ist nahezu konkurrenzlos. Paulus ließ nicht zu, dass seine abscheuliche Vergangenheit ihn davon abhielt, all das zu erreichen, wozu Gott ihn bestimmt hatte. Paulus war der wichtigste frühe Evangelist für die Heiden (Nichtjuden). Viele betrachten ihn als den größten aller Apostel. Seine Briefe machen fast die Hälfte des Neuen Testaments aus. Ich finde es toll, wie Paulus seinen Weg nach vorne beschreibt. Er sagt, er vergisst, was hinter ihm ist, und streckt sich aus nach dem, war vor ihm ist.

Nicht dass ich es schon erreicht hätte oder dass ich schon vollendet wäre. Aber ich strebe danach, es zu ergreifen, weil auch ich von Christus Jesus ergriffen worden bin. Brüder, ich bilde mir nicht ein, dass ich es schon ergriffen hätte. Eines aber tue ich: Ich vergesse, was hinter mir liegt, und strecke mich nach dem aus, was vor mir ist. Das Ziel vor Augen, jage ich nach dem Siegespreis: der himmlischen Berufung, die Gott uns in Christus Jesus schenkt. – Philipper 3,12–14 EÜ

Diese Stelle ist eine tolle Gedächtnisstütze, dass du manchmal einfach

- aufhören musst, dich auf das zu konzentrieren, was du in der Vergangenheit getan hast;
- aufhören musst, dich auf das zu konzentrieren, was du nicht getan hast;
- aufhören musst, dich vom Gestern diktieren zu lassen;
- aufhören musst zuzulassen, dass der Feind dir sagt, wer du bist.

Der Teufel erinnert dich an deine Vergangenheit, weil ihm der Stoff ausgeht. Jedes Mal, wenn er deine Vergangenheit zur Sprache bringt, musst du ihn an seine Zukunft erinnern. Deine Vergangenheit kannst du nicht ändern, aber Jesus kann deine Zukunft ändern.

KAPITEL 12

DAS GLEICHNIS

Jesus wusste, was er dachte, und sagte zu dem Pharisäer: »*Simon, ich habe dir etwas zu sagen.*« »*Ja, Meister*«*, nickte Simon,* »*sprich nur.*« *Darauf erzählte Jesus:* »*Ein Mann lieh zwei Leuten Geld – dem einen fünfhundert Denare und dem anderen fünfzig. Als keiner der beiden ihm das Geld zurückzahlen konnte, erließ er ihnen ihre Schulden. Wer von den beiden liebte ihn danach wohl mehr?*« *Simon antwortete:* »*Ich nehme an, derjenige, dem er die größere Schuld erließ.*« »*Das stimmt*«*, sagte Jesus. Dann wandte er sich der Frau zu und sagte zu Simon:* »*Schau dir die Frau an, die da kniet. Als ich dein Haus betrat, hast du mir kein Wasser angeboten, um mir den Staub von den Füßen zu waschen; sie hat meine Füße mit ihren Tränen gewaschen und mit ihrem Haar getrocknet. Du hast mir keinen Begrüßungskuss gegeben; sie hat mir unaufhörlich die Füße geküsst, seit ich hereingekommen bin. Du hast es versäumt, mir Gastfreundschaft zu erweisen und mir den Kopf mit Olivenöl zu salben; sie hat meine Füße mit kostbarem Salböl gesalbt. Ich sage dir, ihre Sünden – und es sind viele – sind ihr vergeben;*

deshalb hat sie mir viel Liebe erwiesen. Ein Mensch jedoch, dem nur wenig vergeben wurde, zeigt nur wenig Liebe.« Dann sagte Jesus zu der Frau: »Deine Sünden sind dir vergeben.« Die anderen Männer am Tisch sagten zueinander: »Für wen hält sich dieser Mann, dass er Sünden vergibt?« Und Jesus sagte zu der Frau: »Dein Glaube hat dich gerettet; geh in Frieden.«
LUKAS 7,40–50

Deine Position bringt Leistung hervor

Meine Eltern glauben fest an den Wert von harter Arbeit. Mein Vater sorgte dafür, dass ich während meiner Highschool-Zeit jeden Sommer irgendwo arbeiten ging. Meistens half ich für einen geringen Lohn dem Hausmeisterteam in der Gemeinde meines Vaters. Ehrlich, so schlecht war das gar nicht, mal abgesehen vom Toilettenputzen. Ich arbeitete mit coolen Leuten zusammen. Ich wurde ständig ermutigt und ich musste mir nie Sorgen machen, meine Position zu verlieren. Schließlich war ich der Sohn des Pastors.

Vor meinem Abschlussjahr am College arbeitete ich dann für einen erfolgreichen und wohlhabenden Mann. Der einzige Haken daran war, dass dieser Mann ein wenig launisch war. Er war sehr temperamentvoll, und man konnte unmöglich wissen, in welcher Stimmung er sich gerade befand. Wenn er gute Laune hatte, stellte er wie wild Leute ein. Wenn er schlechte Laune hatte, feuerte er die Leute schneller als Donald Trump. An manchen Tagen war er nett und an anderen war er böse. Man wusste es nie. Die kleinste Kleinigkeit konnte ihn aus der Haut fahren lassen. Infolgedessen hatten alle Angst, ihre Arbeit zu verlieren. Jeden Tag schienen sich die Gespräche auf der Arbeit nur darum zu drehen, wie wahrscheinlich es war, morgen keine Arbeit mehr zu haben.

Wenn du ständig Angst hast, deine Arbeit zu verlieren, arbeitest du vielleicht gewissenhaft, aber mit weniger Leidenschaft. Sehr wahrscheinlich bist du nicht mit dem Herzen dabei. Ich habe mich nie wirklich mit meiner Arbeit dort identifiziert und lieferte sicher auch keine Glanzleistungen ab. Ich habe auch nie offen und ehrlich meine Meinung gesagt, weil ich dachte, ich könne meinen Job verlieren. Der Chef war nicht auf der Suche nach Führungskräften. Er suchte nach Gefolgsleuten. Eigentlich war er auf der Suche nach Ja-Sagern. Das war kein toller Arbeitsplatz.

Meistens bekommen wir im Leben erst dann eine Position, wenn wir Leistung bringen, und wenn wir aufhören, Leistung zu bringen, verlieren wir diese Position oftmals. Jeder strengt sich an, um seine Position zu halten. Aber das Königreich Gottes funktioniert anders. Im Königreich Gottes hängt deine Position nicht von deiner Leistung ab. Christus hat dir deine Position erkauft.

In dem Augenblick, in dem du errettet wirst, ändert sich deine Position – vom Sünder zum Kind Gottes. Nichts kann das verändern. Und anstatt Leistung zu bringen, um deine Position zu erarbeiten oder zu halten, führt deine Position automatisch dazu, dass du Leistung hervorbringst. Du lebst nicht *für* den Segen. Wenn du erst einmal Teil der Familie Gottes bist, dann lebst du *vom* Segen aus. Ich will versuchen, dir das zu erklären.

Der Apostel Paulus bezog sich oft auf seine Position in Christus und erinnerte andere daran, dass auch sie »in Christus« sind (siehe 2Kor 5,17). Er sagte auch, dass wir »durch ihn«, Christus, alle Dinge tun können (siehe Phil 4,13). Aus eigener Kraft kannst du nicht alles schaffen, aber wenn du in Christus bist, ist nichts unmöglich.

In Kolosser 3,3 steht: »Denn ihr seid gestorben, als Christus starb, und euer wahres Leben ist mit Christus in Gott verborgen.« Wir sind eingehüllt in den Sohn Gottes. Wenn Gott uns ansieht, sieht er Christus. Das bedeutet es, »in Christus« zu sein. Wenn du in Christus verborgen bist, hörst du auf, dich in dir selbst zu verlieren.

Wenn wir statt auf Christus auf die Welt vertrauen, konzentrieren wir uns gern auf unsere Leistung in der Welt. Bin ich erfolgreich genug, reich genug, klug genug? Kleide ich mich gut genug? Wir haben bereits gesehen, dass wir, wenn wir uns nach solchen selbstauferlegten Maßstäben messen, nie dorthin kommen, wo wir unserer Meinung nach sein sollten. Dieses Streben ist zwecklos. Wir sind nie genug. Wir sind bankrott. Aber wenn wir unser Vertrauen in Jesus setzen, werden wir daran erinnert, dass unsere Leistung nicht unsere Position diktiert. Seine Leistung hat bereits unsere Position ihn ihm gesichert. Und da wir diese Position bereits haben, sind wir wirklich frei, Leistung zu bringen.

Jemand hat mal gesagt, dass man erst dann wirklich weiß, wer man ist, wenn man weiß, zu wem man gehört. In Christus bist du ein Sohn oder eine Tochter Gottes. Du bist ein Miterbe mit Jesus. Das bedeutet, dass du, der du ein armer kleiner Sünder warst und durch die Gnade Gottes gerettet wurdest, eines Tages das erben wirst, was Jesus erbt. Was für eine Vorstellung! Was für eine erstaunliche Gnade! Wenn du einmal verstanden hast, zu wem du gehörst, dann bist du frei, das zu tun, wozu du erlöst wurdest.

Es besteht eine weitverbreitete Kritik und Angst, wenn diese Gnade gepredigt wird. Wenn man Gnade predigt, könnten die Leute am Ende tun und lassen, was sie wollen und nach den Maßstäben und Begierden dieser Welt leben. Sie könnten einfach das tun, was sich gut anfühlt und glauben, dass Gott ihnen am nächsten Morgen vergeben wird. Mit anderen Worten, sie sind Gott nicht gehorsam. Sie bringen nicht die Leistung, von der ich hier gesprochen habe.

Ich verstehe diese Angst, aber ich spreche nicht über das, was manche Theologen als »billige Gnade« bezeichnen. Je mehr wir erfassen, wie breit und lang und hoch und tief die Liebe Christi ist, umso mehr werden wir verstehen, was er für uns getan hat und was es ihn wirklich gekostet hat. Wenn uns das dämmert, dann werden wir umso mehr bereit sein, für ihn zu leben. Gnade, wenn sie richtig verstanden wird, führt am Ende nicht zu einem Freibrief zu sündigen. Gnade führt zu Dankbarkeit.

In der Bibel steht, dass Jesus der »letzte Adam« war (siehe 1Kor 15,45). Der erste Adam war im Garten Eden, und er und Eva brachten die Sünde in die Welt. Jesus wird als letzter Adam bezeichnet, weil er, anstatt die Sünde in die Welt zu bringen, der Welt die Gnade Gottes brachte. Wenn die Werke des ersten Adams einen Fluch auf die Welt gebracht haben, wie viel mehr werden die Werke des letzten Adams, Jesus Christus, einen Segen bringen, indem die Sünde beseitigt und durch Gerechtigkeit ersetzt wird? Paulus erklärt das folgendermaßen:

Denn gleichwie durch den Ungehorsam des einen Menschen die Vielen zu Sündern gemacht worden sind, so werden auch durch den Gehorsam des Einen die Vielen zu Gerechten gemacht. – Römer 5,19 SLT

Mein Freund, es muss uns bewusst werden, dass Jesus all unsere Schuld bezahlt hat. Je mehr wir uns daran freuen, umso mehr werden wir dazu geneigt sein, in Gerechtigkeit zu wandeln.

Das Handeln der Frau in unserer letzten Geschichte aus Lukas 7 ist ein Bild für den wunderbaren Austausch, der bei unserer Errettung stattfindet. Sie kommt unangemeldet herein, fällt zu den Füßen Jesu nieder und beginnt, ihn anzubeten. Ihre Tränen benetzen seine Füße und sie trocknet sie mit ihren Haaren. Sie salbt Jesu Füße mit Parfüm. Unvollkommenheit trifft auf Vollkommenheit. Gebrochenheit trifft auf Ganzheit. Gnade führt zu Dankbarkeit.

Doch wie wir gesehen haben, glaubt der Pharisäer inmitten dieses Moments der Zärtlichkeit, Jesus wüsste nicht, dass diese Frau, die ihn da berührt, eine Sünderin ist. Die Reaktion Jesu ist phänomenal. Er beschimpft den Pharisäer nicht und bringt so seinen Gastgeber nicht in Verlegenheit. Aber er wirft auch die Frau nicht hinaus oder schickt sie mit einem wissenden Kopfnicken gnädig weg. Nein, in echter Jesus-Manier bleibt er mitten in diesem Spannungsfeld und lehrt eine weitere Wahrheit über Gottes Liebe und Gnade. Und er tut es mit einem Gleichnis.

Zeit für eine Geschichte

Jesus wusste, was er dachte, und sagte zu dem Pharisäer: »Simon, ich habe dir etwas zu sagen.« »Ja, Meister«, nickte Simon, »sprich nur.« Darauf erzählte Jesus: »Ein Mann lieh zwei Leuten Geld – dem einen fünfhundert Denare und dem anderen fünfzig. Als keiner der beiden ihm das Geld zurückzahlen konnte, erließ er ihnen ihre Schulden. Wer von den beiden liebte ihn danach wohl mehr?« – Lukas 7,40–42

Ich liebe es, wie Jesus auf unsere komplizierten Fragen mit einfachen Antworten reagiert. In diesem Fall benutzt er eine Geschichte, um eine einfache, aber tiefgründige Antwort zu geben. Es ist eine fiktive Geschichte, aber wenn du darüber nachdenkst, ist sie unser aller Geschichte. Jesus sagt, dass zwei Männer einem anderen Geld schuldeten. Sagen wir mal, der eine schuldete ihm 500 Dollar, der andere 50. Keiner konnte sein Geld zurückzahlen. Beide waren bankrott. In Amerika hätten diese beiden Männer wahrscheinlich einen Antrag auf Insolvenz nach Chapter 7 stellen und alles verkaufen können, was ihnen gehörte, und das Thema wäre erledigt gewesen. Aber in den Tagen Jesu war es mit Zahlungsunfähigkeit nicht so einfach. Oftmals wurden Schuldner, die ihre Schulden nicht zurückzahlen konnten, zu Sklaven, um so ihre Schulden abzuarbeiten.

In Wahrheit sind wir alle wie diese Männer. Wir alle sind geistlich bankrott. Wir haben Schulden, die wir nicht bezahlen können. Wir haben uns auf uns selbst verlassen, um Frieden und Glück zu finden. Wir haben uns auf andere verlassen. Wir haben uns auf Religion verlassen. Wir haben uns auf die Welt verlassen. Und am Ende hat es nicht gereicht. Vorübergehend haben wir vielleicht Zufriedenheit erlebt, aber am Ende blieben wir unerfüllt. Und was noch schlimmer ist: Am Ende wurden wir Sklaven der Dinge, die uns eigentlich Freude schenken sollten.

In einem typischen Insolvenzverfahren gibt der Schuldner sich alle Mühe, seine Schulden zu begleichen. Er bezahlt, was er kann, und hofft, dass der Gläubiger die Zahlung als Tilgung für seine Schuld annimmt. Aber in dem Gleichnis Jesu erlässt der Gläubiger beiden Schuldnern die Schulden. Er streicht sie völlig. Keine Abgeltung. Kein »Zahle-was-du-kannst«. Erlassen. Vollständig bezahlt. Als Jesus seine Geschichte beendet, stellt er dem Pharisäer Simon eine Frage:

Als keiner der beiden ihm das Geld zurückzahlen konnte, erließ er ihnen ihre Schulden. Wer von den beiden liebte ihn danach wohl mehr?« Simon antwortete: »Ich nehme an, derjenige, dem er die größere Schuld erließ.« »Das stimmt«, sagte Jesus. – Lukas 7,42–43

Der Pharisäer Simon kannte das Gesetz. Er hatte alle Informationen. Er kannte die Regeln und Bestimmungen. Er wusste, was von ihm verlangt wurde und er hatte sein Bestes getan. Aber wozu führte sein Wissen und seine fachliche Qualifikation? In dieser Geschichte zu kaum mehr als Apathie und Arroganz. Jesus stellt den Unterschied zwischen dem Pharisäer und der Sünderin heraus, und was der Pharisäer da hörte, hatte er sicherlich nicht erwartet.

Dann wandte er sich der Frau zu und sagte zu Simon: »Schau dir die Frau an, die da kniet. Als ich dein Haus betrat, hast du mir kein Wasser angeboten, um mir den Staub von den Füßen zu waschen; sie hat meine Füße mit ihren Tränen gewaschen und mit ihrem Haar getrocknet. Du hast mir keinen Begrüßungskuss gegeben; sie hat mir unaufhörlich die Füße geküsst, seit ich hereingekommen bin. Du hast es versäumt, mir Gastfreundschaft zu erweisen und mir den Kopf mit Olivenöl zu salben; sie hat meine Füße mit kostbarem Salböl gesalbt. Ich sage dir, ihre Sünden – und es sind viele – sind ihr vergeben; deshalb hat sie mir viel Liebe erwiesen. Ein Mensch jedoch, dem nur wenig vergeben wurde, zeigt nur wenig Liebe.« – Lukas 7,44–47

In jener Zeit war es gängig, dass ein Gastgeber seinen Gast mit einem Kuss begrüßte und ihm anbot, seine Füße zu waschen. Aber Simon tat nichts davon. Im Gegensatz dazu wusch die Sünderin Jesus sofort mit ihren Tränen die Füße, als sie ihn sah, und küsste unablässig seine Füße aus Respekt und Unterwerfung. Sie übergoss sie sogar mit kostbarem Parfüm. Jesus erklärt, dass sie all das nicht tat, weil sie eine Theologie der Vergebung kannte, sondern weil sie der Vergebung in Person begegnet war.

Jesus sagt diesem Pharisäer, dass Menschen, denen wenig vergeben wurde, nur wenig lieben, dass aber Menschen, denen viel vergeben wurde, viel lieben. Nicht das Bewusstsein, dass ich ein Sünder bin, bringt mich dazu, Jesus anzubeten. Es ist das Bewusstsein, dass mir vergeben wurde.

Die Frau betet Jesus nicht an, weil es ihr leidtut (obwohl das so ist). Sie betet ihn an, weil sie von ihrer Schuld befreit wurde, die Jesus in voller Höhe bezahlt hat. Weil ihre Schuld bezahlt ist, will sie einzig und allein mit dem zusammen sein, der sie bezahlt hat.

Sie wurde nicht nur gerettet – sie hat in Christus ein neues Leben erhalten, eine neue Identität und einen neuen Sinn. Sie musste nicht erst ihren Lebensstil ändern, um sich Jesu Gnade zu verdienen. Aber jetzt, wo sie Jesu Gnade empfangen hat, will sie genau das tun. Gottes Gnade führt zu Dankbarkeit, und Dankbarkeit in Kombination mit Gottes Kraft führt zu einem veränderten Leben.

Eine Prostituierte wird Königin

Eines meiner Lieblingsbücher ist *Das Leben ist zu kurz, um die Hauptsache zu verpassen* von Bob George. Das Buch enthält eine eindrucksvolle Schilderung dessen, wie sich die Motivation eines Gläubigen verändert, wenn er der Fülle der Gnade Gottes begegnet.

> *Ich will es Ihnen verdeutlichen. Stellen wir uns vor, dass ein König in seinem Land einen Erlass verkünden ließ, dass für alle Prostituierten eine Generalamnesie erlassen würde. Wäre das eine gute Nachricht, wenn Sie eine Prostituierte wären? Aber sicher. Sie müssten sich nicht mehr verstecken aus Angst vor der Polizei. Es gäbe kein Strafregister mehr über Sie; alle vergangenen Straftaten wären aus den Büchern gelöscht. Aber hätten Sie irgendeinen Ansporn, Ihren Lebensstil zu ändern? Ganz sicher nicht.*
>
> *Aber wir wollen in unserem Bild fortfahren. Sagen wir, dass nicht nur alle Prostituierten begnadigt würden, sondern dass der König gerade Sie bittet, seine Frau zu werden. Was passiert, wenn eine Prostituierte einen König heiratet? Sie wird Königin. Und nun, hätten Sie **jetzt** einen Ansporn, Ihren Lebensstil zu ändern? Ganz bestimmt. Man muss nicht besonders intelligent sein, um zu sehen, dass der*

Lebensstil einer Königin um einiges besser ist als der einer Prostituierten. Keine vernünftige Frau würde in ihr früheres Leben zurückkehren.

Solange nur die Hälfte des Evangeliums verkündigt wird, wird es weiterhin Christen geben, die zwar dankbar sind, dass sie für ihre Sünden nicht gerichtet werden, aber sie haben keinen nennenswerten Ansporn, auch ihr Verhalten zu ändern. Und deshalb müssen so viele Kirchenoberhäupter mit dem Hammer des Gesetzes drohen und einen solchen Druck ausüben, der ihre Gemeinden beinahe erstickt, nur um sie bei der Stange zu halten.

*Aber wie wird denn die Kirche im Neuen Testament genannt? Die Braut Christi! Die Botschaft des Evangeliums ist eigentlich ein Heiratsantrag. Und so, wie die Prostituierte durch die Eheschließung mit dem König zur Königin wurde, so wurden schuldige Sünder zu Kindern Gottes durch die Gleichsetzung mit Christus. Diese Beziehung und unsere neue Identität wird unser Ansporn, ein Ansporn von **innen** heraus.*[2]

Sie betete an

Die Frau betete Jesus an. Das war emotional. Das war chaotisch. Das war wahrscheinlich laut. Sie war in der Gegenwart des Mannes, der über ihre Vergangenheit hinausblickte und ihr alle Sünden vergab, die vergangenen, gegenwärtigen und zukünftigen. Sie freute sich. Sie dachte sicher so etwas wie: »Gott sei Dank bin ich nicht mehr da, wo ich früher war. Ich hätte tot sein können. Ich

---

2 Bob George, *Das Leben ist zu kurz, um die Hauptsache zu verpassen*, Witten: SCM R.Brockhaus, 2014, S. 96–97.

hätte im Gefängnis sein können. Ich hätte schwanger sein können. Ich hätte geschieden sein können. Aber, oh, er hat meine Schuld bezahlt! Ich habe allen Grund, ihn anzubeten!«

Mein Freund, das Maß unserer Anbetung hängt von dem Maß ab, in dem wir glauben, dass uns vergeben wurde. Wenn dir klar wird, dass dir viel vergeben wurde, dann liebst du viel und betest viel an.

Je mehr wir über das vollbrachte Werk Jesu nachdenken, umso mehr verlieben wir uns in ihn. Das Predigen von Gnade führt nicht zu ungezügeltem Verhalten. Nicht gemäß Jesus. Das Predigen von Gnade führt dazu, dass wir den Retter anbeten. Unsere Liebe und Hingabe nimmt zu, wenn wir uns auf den Retter konzentrieren, und nicht auf uns selbst.

Ich bin noch nie einem Christen begegnet, der Gottes Liebe ihm gegenüber übertrieben hätte. Das ist unmöglich. Gott hat mit seiner unendlichen Liebe eine Brücke über eine unendliche Kluft geschlagen. Je mehr wir unsere Augen auf Gottes erstaunliche Gnade richten, umso mehr wachsen wir in unserem Glauben. Eigentlich könnte man geistliches Wachstum als den Prozess beschreiben, in dem das Bewusstsein für unseren Retter stärker wird als unser Sündenbewusstsein. Jesus vergibt der Frau aufgrund ihres Glaubens. Doch selbst Glaube ist das Ergebnis von Gnade. In der Bibel steht, dass wir tot sind in unseren Sünden, und ein Toter kann nicht glauben. Darum ist sogar Glaube ein Geschenk von Gott.

Letzten Endes müssen wir wissen, dass unsere Sünde nicht stärker ist als unser Retter.

Der Retter ist größer als unsere Sünde.

Der Retter ist größer als unser Fehler.

Der Retter ist größer als unsere Schuld.

Der Retter ist größer als unser Versagen.

Jesus ist unser Retter. Er ist unsere Vergebung. Die Bibel ist voll von Geschichten über seine Liebe und Barmherzigkeit. Und ich will dich wissen lassen, dass die Bibel nicht nur ein Buch über das ist, was Gott in der Vergangenheit getan hat. Die Bibel ist eine Biografie eines lebendigen Gottes und dieser Gott ist auch in der heutigen Welt am Wirken. Was Gott in der Vergangenheit getan hat, kann er heute tun. Gott war schon immer damit beschäftigt, Menschen zu retten.

Drei Menschentypen

Meine Frau und ich sind schon zusammen, seit wir siebzehn sind. Jetzt sind wir in unseren Dreißigern. Wir wollen Kinder haben, haben aber noch keine. Wir arbeiten daran. (Ich habe gehört, nur Übung macht den Meister.) Und im Moment haben wir noch einen anderen Tagesablauf als die meisten Leute unseres Alters. Unsere Nächte dehnen sich meistens aus bis in die frühen Morgenstunden. Wir fangen normalerweise mit dem Abendessen an und sehen dann, wohin die Nacht uns führt.

DawnCheré ist in vielerlei Hinsicht erstaunlich, aber sie ist keine typische Hausfrau. Sie kann gut kochen, aber sie macht es nicht gern. Man wird sie nicht mit einer Schürze beim Kuchen- und Tortenbacken in der Küche antreffen. Und ich bin definitiv kein Koch. Abendessen heißt also normalerweise im Restaurant essen. Ich gehe, ehrlich gesagt, gern essen, ich bin definitiv ein Essenstyp. Ich mag alle Arten von Kochkünsten. Da wir so viel essen gehen, haben wir in der Essenswelt einige Muster wahrgenommen. Wenn es zum Beispiel darum geht, die Rechnung zu bezahlen, gibt es hauptsächlich drei Menschentypen.

- DER SCHNORRER. Zu diesem Typ gehören diejenigen, die bequem ihre Brieftasche zu Hause lassen. Sobald die Rechnung kommt, werden sie nervös. Sie beugen sich vor und klopfen sich auf den Hintern. Sie fassen in ihre Jackentasche. Sie klopfen sich auf die Hemdtasche und dann auf die Hosentasche. Sie schauen nach links und nach rechts und sehen am Ende verlegen auf und sagen:»Mensch, es tut mir so leid. Ich habe mein Geld völlig vergessen. Könntest du das übernehmen?« Ich habe mich schon immer gefragt, wie jemand ernsthaft sein Geld vergessen kann, wenn er essen geht. Glauben die etwa, das Restaurant könnte vielleicht einen »kostenlosen All-you-can-eat«-Abend veranstalten?
- DER MATHEMATIKER. Dieser Typ ist noch nerviger als der erste. Das sind die Menschen, die in dem Augenblick, in dem die Rechnung kommt, ihren grafikfähigen Taschenrechner auspacken. Ihr Ziel ist es, die Rechnung perfekt aufzuteilen. Sie wollen, dass jeder genau das bezahlt, was er auch schuldig ist. Sie hantieren mit Tabellen, Schaubildern und Kalkulationen.»Okay, du musst 1,25 $ für die Cola light bezahlen und 7,99 $ für Chips und Salsa.« Ich weiß das, was sie zu tun versuchen, ja zu schätzen. Sie wollen alles fair halten. Aber wenn ein Haufen Freunde zusammen zu Abend isst, wer hat dann Zeit für dieses höchst technologische Taschenrechner-Zeug?
- DER ECHTE MANN. Der ist mir am liebsten. Wenn die Rechnung kommt, zieht er einfach seine Kreditkarte heraus und bezahlt, ohne ein Wort zu sagen. Er bezahlt einfach die Rechnung. Er ist ein echter Mann.

Ich bin mir sicher, du weißt, wer in deiner Gruppe dieser echte Mann ist. In meiner Welt ist es mein Papa. Ich weiß, dass mein Papa immer die Rechnung bezahlt, wenn ich mit ihm essen gehe. Ohne Fragen zu stellen. Ohne ein komisches »Nächstes Mal kannst du bezahlen«. Ohne unsinniges Hin und Her – »Nein, lass mich« oder »Nein, ich bestehe aber darauf«. Wenn die Rechnung kommt, erledigt er das. (Du kannst mich ruhig verwöhnt nennen. Das stimmt wahrscheinlich.)

Mir ist auch aufgefallen, dass ich, wenn mein Papa mich fragt, ob ich mit ihm essen gehe, nie sage: »Nein, Papa! Ich gehe nicht mit dir. Ich hasse es, mit dir essen zu gehen! Immer bezahlst du die Rechnung! Ich habe es satt! Das muss aufhören!« Auf keinen Fall. Im Gegenteil. Wenn mein Papa mich zum Mittagessen einlädt, freue ich mich und kann es kaum erwarten. Es ist eher so wie »He, Papa, lass uns zu Ruth's Chris Steak House gehen!« Die Tatsache, dass er bezahlt, stößt mich nicht von ihm ab, sondern zieht mich näher zu ihm. Ich will deshalb noch mehr in seiner Nähe sein.

Mein Freund, dieses ganze Buch handelt davon, dass Jesus deine Rechnung bezahlt hat. Die Rechnung kam und du warst mehr schuldig, als du bezahlen konntest. Eigentlich hast du nichts. Du bist völlig bankrott. Aber Gott sei Dank ist Jesus ein echter Mann. Er hat sich um deine Schuld gekümmert. Wenn du dir erst einmal bewusst bist, was er bezahlt hat, dann führt dich das nicht von ihm weg, sondern direkt zu ihm hin.

Ich bete dafür, dass, wenn du gesehen hast, was Jesus für dich getan hat, du sofort mit allem zu ihm rennst, was in dir ist. Gib ihm nicht nur einen Teil deines Lebens. Gib ihm alles, was du hast. Schließlich hat er es dir zuerst gegeben. Er sehnt sich nach einer echten, innigen Beziehung mit dir. Er ist nicht böse auf dich. Er liebt dich wie verrückt. Er hat jede Schuld bezahlt, die du ihm je schuldig warst oder sein wirst. Und wenn du Jesus dein *ganzes* Leben haben und ihn deinen König sein lässt, wirst du nicht mehr auf Sand bauen, sondern auf den unveränderlichen, unerschütterlichen, ewigen Felsen.

DANKSAGUNGEN

Danke, DawnCheré, meine Frau. Deine Ermutigung und dein Glaube an mich helfen mir, weiterzumachen. Unsere Freundschaft ist für immer und ewig.

Ich danke meinen Eltern, Rich und Robyn Wilkerson, die immer mein Potenzial gesehen und gefördert haben. Euch als Eltern zu haben ist der Schlüssel für so viel Gutes in meinem Leben.

Und danke auch an die folgenden Menschen: Meine Geschwister, dafür, dass sie mich lieben. Die Menschen von Trinity Church und Vous Church, die mir so viel darüber beigebracht haben, wie Jesus aussieht. David Hicks, dass er jeden Tag mit mir zusammengearbeitet und mir geholfen hat, dass das Buch so toll aussieht; ohne dich hätte es dieses Projekt nicht gegeben. Esther, dafür, dass sie mir gesagt hat, wir hätten eine Chance. Thomas Nelson und all den wunderbaren Menschen dort, die das Buch zu einer Realität gemacht haben. Soho House, die die ganze Nacht über ihre Bibliothek für mich offen gelassen haben.

Und zu guter Letzt: Danke, Jesus Christus, mein Herr und Retter. Du bist die Sehnsucht meines Herzens. Du bist das einzig feste Fundament. Dieses Buch ist durch dich, für dich und über dich. Danke!!!!!!!

Weitere Bücher über
das Evangelium der Gnade
findest du unter:
www.gracetoday.de